Kelten Kastelle Kurfürsten

Renate Ludwig

Kelten Kastelle Kurfürsten

Archäologie am Unteren Neckar

THEISS

Ausstellung

Aufbau, Montagen, Restaurierungen
Karl Fricke-Pälzer,
Einhard Kemmet,
Folkwin Vogelsang;
Joachim Wahl, Landesdenkmalamt Baden-Württemberg (*Skelette*);
Firma Blank, Heidelberg;
Firma Dursy, Ladenburg;
Christoph Lehr, Rheinstetten (*Steine*)

Beratung
Rolf-Heiner Behrends, Landesdenkmalamt Baden-Württemberg;
Manfred Benner, Heidelberg;
Harald Drös, Heidelberger Akademie der Wissenschaften;
Meinrad N. Filgis, Landesdenkmalamt Baden-Württemberg;
Barbara Follmann-Schulz, Rheinisches Landesmuseum Bonn;
Uwe Gross, Christine Gross-Prohaska, Heidelberg;
Elisabeth Huwer, Heidelberg;
Frieder Klein, Mostefa Kokabi, Landesdenkmalamt Baden-Württemberg;
Hans-Peter Kuhnen, Trier;
Gertrud Lenz-Bernhard,
Dietrich Lutz, Landesdenkmalamt Baden-Württemberg;
Peter Marzolff, Heidelberg;
Britta Rabold, Landesdenkmalamt Baden-Württemberg;
Bernd Steidl, Würzburg;
C. Sebastian Sommer,
Joachim Wahl, Landesdenkmalamt Baden-Württemberg;
Achim Wendt, Heidelberg;
Günther Wieland, Landesdenkmalamt Baden-Württemberg

Fotografen
Einhard Kemmet,
Wolfgang Semet

Gestaltung und Illustrationen
Burkard Pfeifroth,
Reutlingen

Grafische Arbeiten
Blank & Hilbert, Heidelberg;
Renée Dale, Einhard Kemmet

Modelle
Götz Ding, Andreas Götz,
Heidelberg;
Matthias Gentner,
Hirschberg-Leutershausen;
Peter Seidel, Ludwigshafen

Multivision
MM-Vision Mathias Michel,
Andechs am Ammersee

Öffentlichkeitsarbeit
Annette Frese

Planung und Bauleitung
Dieter Quast, Heidelberg

Sekretariat
Hannelore Storch

Technische und organisatorische Mitarbeit
Cornelia Jaegle

Verwaltung
Klaus Gebhardt,
Britta Günther,
Friedrich Wintermantel

Wissenschaftliche Mitarbeit
Berndmark Heukemes, Ladenburg;
Martin Kemkes, Stuttgart;
Fridolin Reutti, Rheinzabern

Wissenschaftliche Projektleitung
Renate Ludwig

Kurpfälzisches
MUSEUM
Stadt Heidelberg

Begleitbuch

Herausgeber
Kurpfälzisches Museum
der Stadt Heidelberg

Text und Redaktion
Renate Ludwig

Textbeiträge
Berndmark Heukemes,
Ladenburg;
Martin Kemkes, Stuttgart;
Peter Marzolff, Heidelberg;
Fridolin Reutti, Rheinzabern

Illustrationen
Burkard Pfeifroth,
Reutlingen

Fotografen
Robert Ajtai / VE.DO, Heidelberg;
Joachim Feist, Pliezhausen;
Berndmark Heukemes,
Ladenburg;
Einhard Kemmet, Heidelberg
Martin Kemmet, Heddesheim

Lektorat
Barbara Karpf

Gestaltung und Herstellung
Kehrer *com*, Heidelberg

Die Deutsche Bibliothek –
CIP-Einheitsaufnahme
Kelten, Kastelle, Kurfürsten :
Archäologie am Unteren
Neckar ; [Katalog zur Ausstellung
»Archäologie in Heidelberg«] /
Renate Ludwig. [Hrsg.:
Kurpfälzisches Museum
der Stadt Heidelberg]. –
Stuttgart : Theiss, 1997
ISBN 3-8062-1241-4

Dieses Buch erscheint in der
Schriftenreihe des Kurpfälzischen Museums der Stadt Heidelberg.

Der Druck des Buches wurde unterstützt durch **Heidelberger Zement**.

Vorwort

Nach mehr als zehnjähriger Bauzeit wurden 1995 die archäologischen Ausstellungsräume des Kurpfälzischen Museums der Öffentlichkeit übergeben. Umfangreiche Baumaßnahmen waren vorausgegangen. Sie ermöglichten, daß die Bestände auf 1.500 qm Ausstellungsfläche in sieben Räumen untergebracht werden konnten. Die Stadt Heidelberg hat erhebliche finanzielle Anstrengungen unternommen, um die vieltausendjährige Geschichte nach heutigen didaktischen Gesichtspunkten einem breiten Publikum anschaulich nahezubringen. Sie hat damit einen regionalen Schwerpunkt zur frühen Kulturgeschichte in der Museumslandschaft der Region Rhein-Neckar erhalten.

Zwei Jahre nach der Wiedereröffnung folgt nun der Katalog zur Ausstellung. Er geht weit über einen bebilderten Rundgang durch die Sammlung hinaus. Die Inhalte werden vielmehr in bedeutsame kulturhistorische Zusammenhänge eingebunden. Damit liegt erstmals ein umfassendes Begleitbuch vor, das die herausragenden Bestände zur Ur- und Frühgeschichte, vom Homo erectus heidelbergensis bis zur Renaissance in Text und Bild beschreibt.

Dieser Katalog ist nur zustandegekommen, weil viele zum Gelingen beigetragen haben. Da ist zuerst die großzügige finanzielle Unterstützung der Heidelberger Zement AG, die den Druck ermöglichte. Dann ist zu nennen der Verleger Hans Schleuning vom Konrad Theiss Verlag und dessen – in der Familiengeschichte begründetes – großes Interesse an Heidelbergs Frühgeschichte. Weiterhin die Herren Klaus Kehrer und Burkard Pfeifroth, denen es gelang, Bild und Text zu einem gelungenen Ganzen zusammenzufügen. Und schließlich das Landesdenkmalamt Baden-Württemberg, das auf vielfältige Weise half.

Ihnen allen sowie den Mitarbeiterinnen und Mitarbeitern des Kurpfälzischen Museums und nicht zuletzt der Autorin, der Leiterin der Archäologischen Abteilung, Frau Dr. Renate Ludwig, gilt mein besonderer Dank, auch im Namen des Gemeinderates der Stadt Heidelberg.

Beate Weber
Oberbürgermeisterin

Inhalt

Heidelberg und »seine« Archäologie

»Heidelberg« – für die vielen Besucher aus aller Welt sind das in erster Linie Schloß, Alte Brücke und historische Altstadt, untrennbar verbunden mit der Schönheit der Landschaft und der Idylle des Neckars.

Die weite fruchtbare Ebene am Ausgang eines tief in das Gebirge führenden Flußtales lockte schon die Menschen der Vorzeit. Allerdings suchten die prähistorischen Siedler Plätze weit weg vom romantischen Alt-Heidelberg, draußen in der fruchtbaren Ebene, besonders dort, wo heute die Heidelberger Stadtteile Neuenheim, Bergheim und Wieblingen liegen. Sie mieden dagegen die wenig günstige und hochwassergefährdete Tallage an der Grenze zwischen dem Altsiedelland des Neckarmündungsgebietes und dem Ausbauland des Odenwaldes. Erst im Mittelalter entstand in Anlehnung an die Burg auf dem Schloßberg und eingezwängt zwischen dem Fluß im Norden und den Berghängen im Süden eine Ansiedlung im Bereich der heutigen historischen Altstadt.

In dem aus geologischer Sicht recht jungen Durchbruchtal des Neckars bildet der Buntsandstein die charakteristischstes Gesteinsart. Der rote Stein säumt vielerorts als steile Felswand den Flußlauf durch den gesamten Odenwald. Ein wichtiger Abschnitt in der Erdgeschichte des Heidelberger Raumes war die Ablagerung ausgedehnter Lößschichten, die um Heidelberg bis zu 20 Meter Mächtigkeit erreichen. Dort, wo der Löß als Deckschicht auf dem Schwemmfächer des Neckars zu liegen kam, entstanden dank dessen hohen Kalkgehalts und der porösen Struktur hervorragende Böden.

Kaum eine andere Landschaft Süddeutschlands besitzt eine solche Fülle archäologischer Zeugnisse wie das Land am Unteren Neckar, genauer der Neckar-Schwemmfächer zwischen Heidelberg und Mannheim. Nicht von ungefähr stammt der älteste Menschenfund auf europäischem Boden, der Homo erectus heidelbergensis, aus dem von Klima und Natur so begünstigten Landstrich.

Seit der jüngeren Steinzeit nutzten Ackerbauern die fruchtbaren Lößböden der Ebene, nach ihnen kamen die Bauern der Bronzezeit. Die Kelten errichteten nicht nur eine große befestigte Stadt auf dem Heiligenberg über Heidelberg; ihre bäuerlichen Gehöfte waren überall im Tal zu finden. Schließlich nahmen die Römer von dem auch verkehrsgeographisch so günstig gelegenen Gebiet Besitz. Nach deren Rückzug erfolgte die erst zögerliche alamannische Landnahme und darauf der schnell fortschreitende Landausbau des Altsiedellandes durch die Franken. Erst 1196 taucht eine Ortschaft zu Füßen der Burg mit Namen »Heidelberch« in den Urkunden auf.

Archäologie gestern und heute

Schon früh weckte die reiche Überlieferung das Interesse von Gelehrten. Philipp Melanchthon etwa bestieg 1508 den Heiligenberg und versuchte, die in den Klostermauern eingelassenen römischen Inschriften zu lesen. 1613 berichtete Marquart Freher, Historiker an der Universität in den »Origines Palatinae« über Funde aus der Römerzeit. Als Georg Friedrich Creuzer, Philologe an der Universität dann zu Beginn des 19. Jahrhunderts das Neuenheimer Mithrasheiligtum entdeckte, war das Interesse an der Heidelberger Römerzeit erwacht. Archäologische Forschung im eigentlichen Sinn begann nach der Jahrhundertmitte, als das bislang landwirtschaftlich genutzte Gelände des römischen Nord- und Südvicus zur Bebauung anstand.

Karl Pfaff und Grabungsarbeiter im Jahr 1899 während der Ausgrabung latènezeitlicher Siedlungsgruben in Handschuhsheim

Einer der ersten, der systematische Baubeobachtungen und Ausgrabungen in Heidelberg durchführte, war Karl Pfaff, der leider nur über den frühen Teil seiner Tätigkeit berichten konnte. Überdies sind die späteren Aufzeichnungen größtenteils verschollen. Vom Stadtrat wurde er mit der Sicherung der zumeist von ihm selbst ausgegrabenen vor- und frühgeschichtlichen Bestände beauftragt. Er begann daraufhin, die bisher an verschiedenen Orten innerhalb des Stadtgebietes gelagerten Kunstschätze und Altertümer in das zu diesem Zweck von der Stadt angekaufte und entsprechend eingerichtete Palais Morass an der Hauptstraße zu überführen und zu ordnen. An der feierlichen Einweihung des neuen Museums in Gegenwart des großherzoglichen Paares im Jahr 1908 konnte Pfaff jedoch auf Grund seiner Krankheit schon nicht mehr teilnehmen.

Nach dem Ersten Weltkrieg führte Ernst Wahle die Arbeit Pfaffs weiter und übergab 1921 der Stadt eine neugegliederte, neugestaltete und mit erläuternden Texten versehene Ausstellung. 1925 veröffentlichte er den ersten ausstellungsbegleitenden Katalog unter dem Titel »Die Vor- und Frühgeschichte des unteren Neckarlandes erläutert an den vor- und frühgeschichtlichen Sammlungen des Kurpfälzischen Museums«.

Erst nach dem Zweiten Weltkrieg gelang es, mit Berndmark Heukemes einen hauptamtlichen Betreuer für Museum und Denkmalpflege im Stadtgebiet zu finden. Er widmete sich besonders den römerzeitlichen Hinterlassenschaften und dokumentierte Heidelbergs römische Vergangenheit vor der endgültigen Zerstörung duch den Bauboom der 50er und 60er Jahre. Heukemes' denkmalpflegerische Arbeiten beschäftigten sich aber nicht nur mit den vor- und frühgeschichtlichen Zeugnissen. Als einer der ersten im Lande erkannte er den Wert archäologischer Denkmäler für die Geschichte des Mittelalters und der frühen Neuzeit und führte zahlreiche Notbergungen zur Mittelalterarchäologie in der Heidelberger Altstadt durch.

Die allgemeinverständliche Präsentation archäologischer Forschung in einem Museum war ihm immer ein besonderes Anliegen, und so war er es, der in langjährigen Bemühungen

schließlich die Verantwortlichen in der Stadt überzeugen konnte, den archäologischen Funden ihrer Bedeutung entsprechend Raum zu geben. Eine Wertschätzung, die notgedrungen zu einem großzügigen, 1996 fertiggestellten Museumsneubau führte.

Raum »Römische Religion« im Erdgeschoß des Kurpfälzischen Museums

Die Altsteinzeit

Nach 15 Millionen Jahren Entwicklungsgeschichte der Hominiden betritt der Mensch die Bühne der Erdgeschichte. Als Homo habilis, als »befähigter Mensch« war er in der Lage, Werkzeuge mit Hilfe eines anderen Gerätes herzustellen, womit der Schritt vom Tier zum vernunftbegabten Wesen vollzogen war.

20 000 000	10 000 000	2 000 000	1 000 000	800 000	600 000	400 000
Tertiär						
Pliozän			Altpleistozän			Mittelpleistozän
		Eiszeitalter (12-15 größere Klimaschwankungen)	Günz-Kaltzeit	Cromer-Warmzeit	Mindel-Kaltzeit	Holstein-Warmze
		Frühe Altsteinzeit				***Ältere Altsteinzeit***

Als Jäger und Sammler durchstreifte er seinen Lebensraum, sah sich den starken Klimaschwankungen des Eiszeitalters ausgesetzt, lernte mit ihnen zu leben und verbesserte in steter Auseinandersetzung mit der Natur seine handwerklichen und sozialen Fähigkeiten. So lernte er die Beherrschung des Feuers, erfand immer bessere Jagdwaffen und Werkzeuge und entwickelte eine differenzierte Sprache.

Die fünf wichtigsten Stufen der Menschheitsentwicklung

200 000	100 000	80 000	60 000	40 000	20 000	15 000	10 000	7 500	5 000
	Quartär (Eiszeitalter)								
			Jungpleistozän					Holozän	
-Kaltzeit	Eem-Warmzeit		Würm-Eiszeit				Nacheiszeit		
		Mittlere Altsteinzeit			***Jüng. Altsteinzeit***		***Mittl. Steinzeit***		***Jungsteinzeit***

Der Homo erectus heidelbergensis

Am 21. Oktober 1907 wurde in der Sandgrube Grafenrain, am Nordrand der Gemeinde Mauer, 10 Kilometer südöstlich von Heidelberg ein fossiler menschlicher Unterkiefer gefunden. Die Entdeckung ist der Aufmerksamkeit des Arbeiters Daniel Hartmann zu verdanken, der schon gleich nach der Auffindung den Knochen als dem »Adam« zugehörig richtig bestimmte. Diese Episode deutet schon an, daß die Bergung des ältesten europäischen Menschheitsfundes nicht rein zufällig geschah, sondern vielmehr das Ergebnis langjähriger systematischer Arbeit war. Maßgeblichen Anteil hatte daran der Heidelberger Professor Otto Schoetensack (1850–1912). Seit 1887 besuchte er regelmäßig die Sandgrube im Grafenrain und erkannte sie im Laufe der Zeit als bedeutende urgeschichtliche Fundstätte. Hier leitete er über viele Jahre die Arbeiter an, »trainierte« sie in Anatomie und bestimmte die immer wieder gefundenen fossilen Tierknochen. Schon früh sagte er auch die Existenz menschlicher Knochenreste in den Flußsanden voraus, wobei er jedoch 20 Jahre auf die Bestätigung seiner These warten mußte.

Der Unterkiefer von Mauer besitzt mehrere eindeutige Merkmale des Homo erectus. Neben der extremen Größe mit den im Vergleich zum heutigen Menschen um ca. ein Drittel größeren Zähnen, sind dies vor allem die Dicke des Unterkieferknochens, der fehlende Kinnvorsprung sowie der steile Anstieg des Unterkieferastes. Sein Lebensalter läßt sich besonders wegen des wenig abgeschliffenen Weisheitszahns auf ca. 18–25 Jahre festlegen.

Der Homo erectus gilt als erster direkter Vorfahre des heute lebenden Menschen (Homo sapiens). Sein Ursprung liegt in Ostafrika, von wo aus er sich vor ca. 1,5 Millionen Jahren in nahezu alle subtropischen und gemäßigten Zonen der Erde ausbreitete. Damit ist er maßgeblich für die Erweiterung des vom Menschen ökologisch nutzbaren Raumes verantwortlich. Die stete Auseinandersetzung mit der Natur, besonders in den klimatischen Umbruchphasen der verschiedenen Warm- und Kaltzeiten, förderte die Entwicklung neuer Fertigkeiten und Verhaltensweisen, wie z.B. der Werkzeugherstellung, der Jagdtechnik sowie der Nutzung des Feuers. Zahlreiche Knochenfunde aus Afrika, Asien und Europa geben uns ein relativ genaues Bild über sein Aussehen. Seine Körpergröße betrug bis zu 1,80 Metern. Typisch für sein Gesicht sind die deutlichen Überaugenwülste und das fehlende, »fliehende« Kinn. Sein aufrechter Gang und die Gestalt seiner Gliedmaßen zeigen an, daß er sich ansonsten kaum von uns heute unterschieden hat. Das Gehirnvolumen umfaßte bis zu 1300 Kubikzentimeter und erreicht damit die untere statistische Grenze des Hirnvolumens heutiger Menschen. Sein kurzes, niedriges Gesicht führte allerdings dazu, daß er noch nicht so fein artikuliert sprechen konnte wie wir.

Unter den zahlreichen Tierknochen aus der Fundschicht des Unterkiefers finden sich solche typischer Waldtiere wie Hirsch, Wildschwein und Waldelefant. Sie zeigen, daß die Menschen jener Zeit in einer durch Laubwälder geprägten Umgebung gelebt haben, wie sie für die warmzeitlichen Klimaphasen des Eiszeitalters charakteristisch ist. Der Nachweis eines Flußpferdes belegt zusätzlich, daß die Winter sehr mild gewesen sind, da dieses Tier auf ganzjährig offene Gewässer angewiesen ist. Dem Mauerer Urmenschen stand somit eine breite Palette von Jagdtieren zur Verfügung, denen er, wohl mit einfachen Holzlanzen bewaffnet, an den Ufern des Neckars nachstellte. Seine Hauptnahrung bestand jedoch aus pflanzlicher Kost, z.B. Knollen, Wurzeln und Früchten, wie sich anhand typischer Kratzspuren auf den Zahnoberflächen belegen läßt.

Der Homo erectus von Mauer benutzte wohl einfache Geröllgeräte. Einige der in der Grube Grafenrain gefundenen Artefakte aus Jura- und Muschelkalkhornstein stammen aus der Fundschicht des Unterkiefers und sind somit in etwa gleichzeitig mit dem Mauerer Urmenschen. In ihrer Einfachheit stehen sie am Beginn der steinzeitlichen Werkzeugherstellung.

Die bewußte Fertigung eines solchen Werkzeuges, sprich die zielgerichtete Herstellung eines Steingerätes, gilt als erste große Kulturleistung des Menschen. Die Idee zur Herstellung eines Gerätes sowie die Überlieferung solcher Fertigkeiten auf folgende Generationen setzt auch eine entsprechende Kommunikation, in Form einer differenzierten Sprache, sowie ein wie auch immer geartetes soziales System des Zusammenlebens voraus. Der Nachweis von Steinartefakten im Zusammenhang mit fossilen Menschenfunden ist daher für deren kulturelle Einstufung von besonderer Bedeutung.

Die frühesten, ca. 1,5–2 Millionen Jahre alten Werkzeugfunde stammen aus Ostafrika und werden dort der Frühform des Homo erectus zugewiesen. In Europa sind ebenfalls solche einfachen Steinwerkzeuge gefunden worden. Dabei handelt es sich um Artefakte mit ein- und beidseitig zugerichteten Kanten, sog. Chopper, sowie dazugehörige sehr kleine Abschläge mit einseitigen Retuschen. Je nach Qualität des Ausgangsgesteins eigneten sich solche Geräte für grobe, einfache Arbeiten, wie Aufreißen, Zertrümmern oder Schaben.

Die Geologie von Mauer

Die Mauerer Sande sind Ablagerungen des Ur-Neckars, der vor ca. 500 000 Jahren hier in einer 16 Kilometer langen, weit nach Süden ausladenden Flußschlinge vorbeifloß. Zu verschiedenen Zeiten wurden in dieser Flußschleife immer wieder Sande und Schotter abgelagert, die eine Mächtigkeit von bis zu 15 Metern erreichen. Die Ausbildung der Mauerer Neckarschleife steht zeitlich in engem Zusammenhang mit tiefgreifenden Änderungen des gesamten südwestdeutschen Flußsystems. Vor ca. 10 Millionen Jahren kam es zu

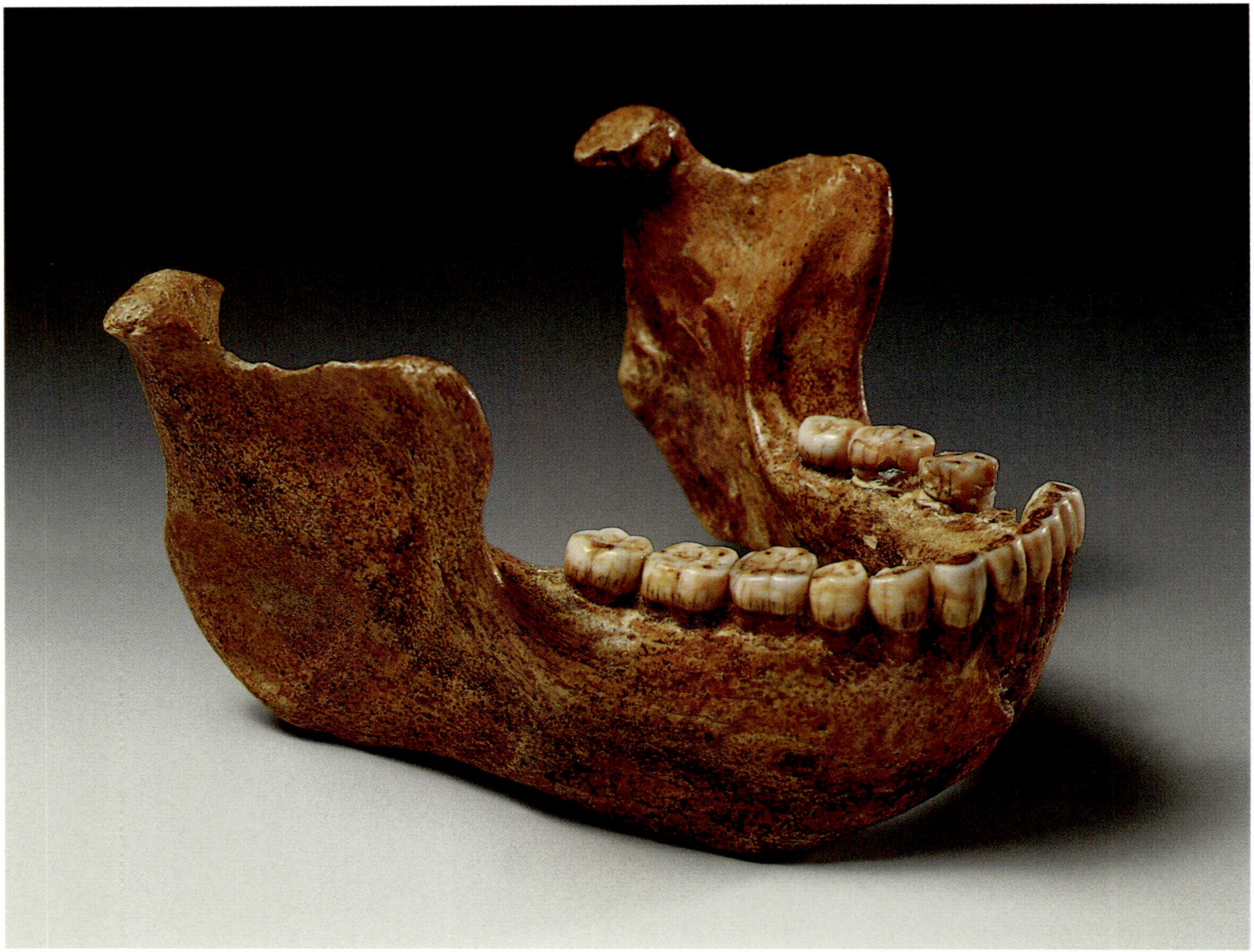

Unterkiefer des Homo erectus heidelbergensis
aus der ehemaligen Sandgrube Grafenrain bei Mauer

einer weitgespannten Aufwölbung des heutigen Odenwaldes und der Schwäbischen Alb. Sämtliche nördliche Donauzuflüsse verloren dabei so erheblich an Gefälle, daß es dem wesentlich tiefer liegendem Ur-Neckar gelang, Flüsse wie Jagst und Kocher zunächst anzuzapfen und später gänzlich in ihrem Verlauf umzudrehen. Dieser Eingriff in das Donau-Flußsystem brachte dem Neckar jene Vermehrung seiner Wassermassen und damit seiner Energie, die es ihm ermöglichte, durch kräftiges Einschneiden in den Buntsandstein des Odenwaldes mit dessen gleichzeitiger Erhebung Schritt zu halten. Dadurch entstand das reizvolle Durchbruchtal im Odenwald.

Die quartäre Schichtenabfolge von Mauer besteht zuoberst aus den Lössen mindestens dreier Eiszeiten mit eingeschalteten fossilen Bodenbildungen aus wärmeren Klimaphasen. Darunter folgen die Mauerer Sande, unterteilt durch eine Lettenbank. Oberhalb dieser gibt es Hinweise auf kaltzeitliche Ablagerungen, während untere Schichten, insbesondere die Fundschicht des Homo erectus heidelbergensis, als warmzeitlich gelten. Aufgrund der in diesen Schichten vertretenen Tierarten, wie Flußpferd und Waldelefant, läßt sich diese Warmzeit auf ca. 800 000 – 500 000 v. Chr. datieren.

Erdmagnetische Messungen beweisen, daß die Fundschicht des Unterkiefers zudem jünger ist als die letzte in ihrer Entstehung noch ungeklärte Umpolung des Erdmagnetfeldes, die auf ca. 780 000 v. Chr. datiert wird. Ein ähnliches Ergebnis erbrachte ein Vergleich der Schichten mit Tiefseesedimenten an Hand der Sauerstoffisotopen-Verhältnisse $^{18}O/^{16}O$. An diesen Verhältnissen läßt sich das globale Eisvolumen der jeweiligen Zeit ablesen, wobei die vollständigen Sedimentprofile am Meeresboden eine lückenlose Aufzeichnung der Kalt- und Warmzeiten ergeben. Die Gegenüberstellung der Mauerer Profile erbrachte hierbei eine Einordnung der Fundschicht etwa in die 15. oder 17. Sauerstoffisotopenstufe. In ihrer Gesamtheit sprechen die bisherigen Ergebnisse somit für eine Datierung der Fundschicht und damit auch des Homo erectus heidelbergensis zwischen 750 000 und 600 000 v. Chr..

Die Jungsteinzeit

Der Beginn der Jungsteinzeit in Mitteleuropa markiert einen revolutionären Schritt in der Entwicklungsgeschichte des Menschen. Die durch Jagen und Sammeln bestimmte Lebensform und damit auch die enge Verbundenheit zwischen Mensch und Natur löst sich auf. Der Mensch wird seßhaft, betreibt Ackerbau und Viehzucht und beginnt so seine Umwelt maßgeblich zu gestalten. Die Zunahme technischer Fähigkeiten führt gleichzeitig zu vermehrter Arbeitsteilung und Spezialisierung. Damit einher geht die Entwicklung eines komplexeren Gesellschaftssystemes in Dörfern, und es kommt zu einem deutlichen Bevölkerungswachstum.

Im Unteren Neckarland lassen sich innerhalb der ca. 3 500 Jahre andauernden Jungsteinzeit verschiedene Kulturgruppen unterscheiden, die sich anhand ihrer Sachgüter, ihrer Siedlungsweise oder ihrer Bestattungssitten voneinander abheben. Benannt werden diese Kulturen entweder nach ihrer charakteristischen Keramik oder nach herausragenden Fundorten. Während der gesamten Jungsteinzeit nutzten die Menschen die fruchtbaren Löß- und Schwarzerdeböden des Neckarmündungsgebiet als Ackerflächen. Die Siedlungen selbst lagen auf den hochwassergeschützten Uferzonen entlang des Flußes und seiner Seitenarme, wobei besonders die Hochufer von Bergheim bis Wieblingen und in Neuenheim eine Vielzahl von Siedlungsstellen aufweisen. Auch die zahlreichen Einzelfunde aus dem Rhein-Neckar-Kreis belegen die dichte Besiedlung unseres Raumes während der Jungsteinzeit. Für Südwestdeutschland und das Untere Neckarland waren folgende Kulturstufen von besonderer Bedeutung: Linearbandkeramik (5 500 – 5 000 v. Chr.), Rössener Kultur (4 800 – 4 300 v. Chr.), Michelsberger Kultur (4 100 – 3 300 v. Chr.), Schnurkeramik (2 700 – 2 500 v. Chr.), Glockenbecher (2 500 – 2 200 v. Chr.).

In den Geräten und Waffen aus Stein spiegelt sich der technische Fortschritt und die Spezialisierung der jungsteinzeitlichen Menschen wieder. Das verbreitetste Werkzeug war das Beil. Je nach Form der Beilklinge und nach Art der Schäftung konnte es als Dechsel, Beitel oder Hobel bei der Holzbearbeitung eingesetzt werden. Ab der mittleren Jungsteinzeit gelang es den Menschen, Steinbeile zu durchbohren. Es entstanden Äxte, die mit ihrer stabileren Schäftung eine höhere Durchschlagskraft besaßen. Feinere Werkzeuge wie Messer, Bohrer und Schaber zur Bearbeitung von Tierfellen oder der Zerlegung von Tierleibern bestanden aus behauenem Feuerstein, der als Rohmaterial oft über weite Strecken verhandelt wurde. Zum Ende der Jungsteinzeit entwickelte der Mensch auch spezielle Waffenformen, die sich als Statussymbole in den Gräbern der damaligen Zeit finden. Besonders markant sind die Streitäxte aus der Zeit der Schnurkeramik sowie Pfeil und Bogen während der Glockenbecherkultur.

Glockenbecher und Armschutzplatte eines Bogenschützen aus e nem Grab in Wiesloch. Der dem Toten beigegebene Bogen sowie die zugehörigen Pfeile haben sich nicht erhalten.

Die Keramik der Jungsteinzeit ist einem starken Form- und Verzierungswandel unterworfen, durch den sich die einzelnen Kultur- und Bevölkerungsgruppen gegeneinander abgrenzen lassen. Für die Linearbandkeramik sind Gefäße mit gewölbtem Boden charakteristisch. Die drei Grundformen Kumpf, Schale und Flasche zeigen bandartige Verzierungen wie Spiralen, Winkel und Mäanderhaken. Zur Zeit der Michelsberger Kultur ist die Keramik dagegen grundsätzlich unverziert. Die Gefäßform des Tulpenbechers ist für diese Zeit bestimmend. Da die Töpferscheibe noch unbekannt war, wurden die Gefäße aus einem gemagerten Tonklumpen oder durch Aufbau mehrerer Tonwülste mit den Händen frei geformt. Der Brand erfolgte als offener Feldbrand, wobei über den Gefäßen mit aufgeschichtetem Stroh oder Holz eine Art Meiler gebaut wurde. Durch die wechselnde Luftzufuhr erhielten die Gefäße eine unterschiedliche Färbung, die von hellgelb bis schwarz reichen kann.

Eine Abfallgrube der Rössener Kultur in Neuenheim

In der mittleren Jungsteinzeit um 4500 v. Chr. lag in Heidelberg-Neuenheim auf dem Gelände des heutigen Zoos ein Dorf der Rössener Kultur. Hier wurde im Jahre 1902 eine riesige Abfallgrube von 12 x 14 Meter Durchmesser und 3,80 Meter Tiefe ausgegraben. Angelegt wurde sie ursprünglich als Lehmentnahmegrube. Der Lehm diente beim Bau mehrerer der charakteristischen Langhäuser zum Verfugen der Wände und zur Anlage der Fußböden. Später wurde die Grube als zentrale Mülldeponie des Dorfes genutzt. Es fanden sich hier die Reste von über 900 Gefäßen, zahlreiche Tierknochen, Gerätschaften aus Bein und Geweih, Feuersteine und Muschelschalen. Die jeweilige gemeinschaftliche Nutzung der Grube ist ein Indiz für die entwickelte Sozialstruktur der Dorfbewohner. Das starke Überwiegen der Haustierknochen in der Grube verdeutlicht eindrucksvoll die Seßhaftigkeit der Menschen. Die Jagd, über mehrere hunderttausend Jahre die Haupttätigkeit und Ernährungsgrundlage der Menschen, spielte für sie nur noch eine untergeordnete Rolle.

Gefäße der Rössener Kultur aus einer Siedlung in Heidelberg-Neuenheim. Diese Keramik zeichnet sich durch ihre vielfältigen flächendeckenden Dekore aus.

Nach dem Fundmaterial aus der Abfallgrube wurden zur Herstellung von Gerätschaften die Knochen vom Schaf, Rind, Schwein, Reh, Ur, Wildschwein und Bär verwendet. Dabei ungewöhnlich ist der hohe Anteil an Schafsknochen, typisch dagegen die große Zahl bearbeiteter Geweihstangen. Die Palette der Knochenwerkzeuge umfaßt Spitzen, Meißel und Nadeln zur Bearbeitung von Fellen, Textilien oder Baumrinde. Aus Hirschgeweih wurden Hacken, Querbeile und Äxte zur Holz- und Bodenbearbeitung, aber auch Schlägel und Druckstäbe zur Bearbeitung von Feuerstein gefertigt.

Eine Mehrfachbestattung der Michelsberger Kultur in Handschuhsheim

Im Sommer 1985 wurde am Ostufer des Neckars ein Grab der Michelsberger Kultur mit sechs Bestatteten aufgefunden. Die Verstorbenen lagen in Hockerstellung wenig unter der Erdoberfläche in einer Grube, die ursprünglich zur Lehmentnahme gedient hatte. Über den Toten fand sich eine massive Packung aus zerscherbten Keramikgefäßen. Die Scherben stammen von mindestens 65 Gefäßen, wobei jedoch kein einziges vollständig in die Grube gelangte, die meisten sogar nur durch wenige Randscherben vertreten sind. Somit handelt es sich nicht um Gefäßbeigaben im eigentlichen Sinne, sondern eher um eine rituell motivierte Deponierung von Siedlungskeramik über den Toten. Die Gefäße datieren das Grab in die Zeit um 3800 v. Chr. Die Keramik umfaßt ein typisches Gefäßspektrum der Michelsberger Kultur. Vertreten sind unter anderem die charakteristischen Tulpen- und Beutelbecher, verschiedene Flaschenformen, Vorratsgefäße und Knickwandschüsseln. Typisch ist auch, daß die Gefäße im Gegensatz zu denen anderer jungsteinzeitlicher Kulturen unverziert sind.

Die Michelsberger Mehrfachbestattung aus Heidelberg-Handschuhsheim während der Ausgrabung 1985

Bei den Verstorbenen handelt es sich um einen 12–13 Jahre alten Jungen von ca. 1,30 Meter Körperhöhe. Er trägt eine Tierzahnkette, die aus Eckzähnen vom Wildschwein, Wolf, Hund und vielleicht vom Fuchs besteht; neben ihm ruhte ein etwa ein Jahr altes Mädchen. In der Mitte der kleinen Gruppe lag eine ca. 25–30 Jahre alte Frau mit einer Körperhöhe von ca. 1,55 Metern, ein 50–60 Jahre alter Mann von ca. 1,62 Meter Körperhöhe (sein Skelett weist trotz des recht hohen Lebensalters wenig Verschleißerscheinungen auf) und ein ca. 40–50 Jahre alter Mann von 1,61 Meter Größe. Die asymmetrische Ausbildung der Körperhälften weist ihn als eindeutigen Linkshänder aus. Obwohl mindestens zehn Jahre jünger als der zweite Mann, war sein Gesundheitszustand wesentlich schlechter. Ihm fehlten bereits elf Zähne und Schultergelenk und Wirbelsäule zeigen starke arthritische Veränderungen. Das sechste Individuum war ein ca. vier bis fünf Jahre alter Junge von ca. 95 Zentimeter Körperhöhe. Der geringe Abnutzungsgrad der Milchzähne beweist, daß das Kind etwa zwei Jahre lang gestillt wurde.

Alle Skelette weisen in Bezug auf Stärke und Robustizität der Knochen auf eine recht grazile Population hin. Große Übereinstimmungen in den epigenetischen Merkmalen, die alters- und geschlechtsunabhängig sind, dafür aber familiär gehäuft auftreten, lassen darauf schließen, daß hier eine ganze Familie beigesetzt wurde.

Gemeinsam ist allen sechs Bestatteten die Todesursache. Davon zeugen eindrucksvolle Verletzungen, die sich an den vier erhaltenen Schädeln nachweisen lassen. Dabei handelt es sich um schwere Lochfrakturen, wie sie durch einen harten, stumpfen und rundlichen Gegenstand, z.B. ein Steinbeil verursacht worden sein können. Da die Schlagstellen an den Schädeln und auch die Auftreffrichtung nicht einheitlich sind, ist davon auszugehen, daß die Verstorbenen während eines Kampfes und nicht bei einer rituellen Tötung ums Leben kamen.

Die Untersuchungen beleuchten somit schlaglichtartig ein dramatisches Geschehen vor ca. 5800 Jahren, bei dem eine kleine Familieneinheit überfallen, erschlagen und schließlich gemeinsam bestattet wurde.

Die Bronzezeit

Welt nach dem Umbruch

Mit dem Übergang von der Jungsteinzeit zur Bronzezeit vollzieht sich ein grundlegender Wandel: langsam verdrängt Metall den Stein als wichtigsten Werkstoff, eine Entwicklung, in deren Verlauf sich die Bronze durchsetzt. Gewinnung und Verbreitung von Metall und der Handel damit differenzieren die Gemeinschaft plötzlich in Bauern, Bergleute, Händler und Schmiede. Dies schafft Abhängigkeiten und verlangt eine übergeordnete politische Organisation. Metallbesitz prägt jetzt das Leben eines jeden: als Geld, als Ware oder Statussymbol – in der Tracht, im Schmuck und vor allem bei den Waffen.

Ein ausgedehntes Wegenetz zwischen einzelnen Siedlungen sowie größere Fernhandelswege ermöglichten den Warenaustausch über ganz Europa. Die sogenannten Bernsteinstraßen, auf denen Bernstein und andere Handelsgüter nach Süden und besonders Bronze in den metallarmen Norden gelangten, verliefen von Jütland über Elbe und Saale zu den Alpenpässen bzw. über die Moldau nach Böhmen. Mit dem Fernhandel entwickelte sich ein überregionales enges Geflecht, das bereits eine primitive Geldwirtschaft einschloß. Rohmetall in genormter Form (Barren, Ringe, Stangen oder Beile) von einheitlichem Gewicht und gleicher Größe war handlicher Wertmesser und regelte als erstes »Geld« den

Die Bronzezeit
im Überblick

Frühe Bronzezeit	**Mittlere Bronzezeit**	**Jüngere Bronzezeit**
2 200 – 1 500 v. Chr.	**1 500 – 1 200 v. Chr.**	**1 200 – 750 v. Chr.**
Kleine Flachgräbergruppen mit Hockerbestattungen. Erste Waffen, Gerätschaften und Schmuck aus Kupfer. In der ausgehenden Frühbronzezeit zunehmende Beherrschung des Bronzegusses, die Kupfer-Zinn-Legierung (Bronze) ersetzt den Stein in fast allen Lebensbereichen, Metall wird zum bestimmenden Gesellschaftsfaktor. Vielfältige Kleinkulturgruppen, darunter auch die Adlerbergkultur im nördlichen Oberrheintal und im Heidelberger Raum.	Nach dem vorherrschenden Bestattungsritus – Tote in gestreckter Körperhaltung unter künstlich aufgeschütteten Hügeln – auch als Hügelgräber-Bronzezeit bezeichnet. Aufwendige Grabausstattungen mit zahlreichen bronzenen Grabbeigaben, Produkte einer hochentwickelten Metallurgie. Obwohl Bronze bereits mehrere Jahrhunderte bekannt ist, erst jetzt eine flächendeckende Verbreitung von Metallgegenständen. Einige typische Schmuck- oder Waffenformen finden sich in ganz Europa, Indiz für ein ausgedehntes Handelsnetz. Unter den wenigen bekannten Siedlungen auch jene in Lützelsachsen bei Weinheim, Grabhügel in Heidelberg-Handschuhsheim.	Die vielen Kleinkulturen der mittleren Bronzezeit erfahren eine kulturelle Vereinheitlichung. Nach der charakteristischen Grabform, dem Urnengrab, auch Urnenfelderzeit genannt. Kaum noch Waffen- und Schmuckbeigaben in den Gräbern, dagegen eine Zunahme von Schmuck- und Waffendepots (besonders in Gewässern). Durch zunehmendes Bevölkerungswachstum erfolgt flächendeckende Aufsiedlung der Oberrheinebene und des Unteren Neckarlandes. Siedlungen auf dem Heiligenberg und in Neuenheim, Urnenfriedhöfe in Bergheim und Wiesloch, Depotfunde mit Waffen und Schmuck in Dossenheim und Weinheim-Nächstenbach.

Tauschhandel. Die Kontrolle über all dies lag in den Händen weniger, deren Gräber eine militärische Ordnung erkennen lassen: je höher der Rang, desto schwerer die Bewaffnung. So wurden die Männer vollständig bekleidet und angetan mit ihren Waffen begraben. Dabei zeichnete das Schwert innerhalb einer durch Waffenbeigaben herausgehobenen Oberschicht eine offenbar führende Persönlichkeit aus. Es kündete nicht nur von Kampfgeist und Wohlstand, sondern vor allem von Rang und Machtbefugnissen seines Besitzers.

Fremde Frauen – Tracht und Schmuck der Bronzezeit

Stoffreste, in bronzezeitlichen Gräbern gefunden, beweisen, daß bereits im 2. Jahrtausend v. Chr. feinste Seidengewebe, aber auch gewalktes Tuch bekannt waren. Ergänzt wurde die Kleidung durch Felle, Leder oder zusammengeknüpfte Pflanzenteilen. Das beste Beispiel gibt der aus Gras gefertigte »Regenumhang des Ötzi«, jenes kupferzeitlichen Gletschermannes, der in den Ötztaler Alpen gefunden wurde. Die Frauen müssen mit ihrem Schmuck aus Knochen, Federn, Schnüren oder Lederstreifen, den Körperfarben und Tätowierungen zusammen mit dem gold- bis silberfarben glänzenden Bronzeschmuck überaus auffallende Erscheinungen gewesen sein.

Obwohl mit der Bronzezeit ein Zeitalter internationaler Verbindungen und wechselseitiger Abhängigkeiten beginnt, führte die immer stärker werdende Aufsiedlung zur Bildung regionaler Gruppen. In jeder dieser Gruppen bildete sich eine eigene Frauentracht, die – nicht anders als noch im letzten Jahrhundert bei uns – von Landschaft zu Landschaft, von Tal zu Tal verschieden sein konnte. Auffällig waren da jene Frauen, deren Schmuck in der Region unüblich war, die also eine ortsfremde, häufig hunderte von Kilometern entfernt gebräuchliche Tracht trugen. Das Phänomen findet sich in vielen Kleinkulturgruppen und steht für die Mobilität der Frau, die auch in sehr entfernt lebende Familien einheiratete – oder einheiraten mußte? – ihre heimatlichen Gewohnheiten aber beibehielt. Persönliche Schicksale, die mit diesen »Fremden« verbunden gewesen sein mögen, bleiben uns allerdings verborgen. Die Dame aus Bergheim war keine jener fremden Frauen, sie trug die typischen Radnadeln und den Arm- und Beinschmuck des »Mittelrheinischen Trachtenkreises«, zu dem auch der Rhein-Neckar-Raum gehörte.

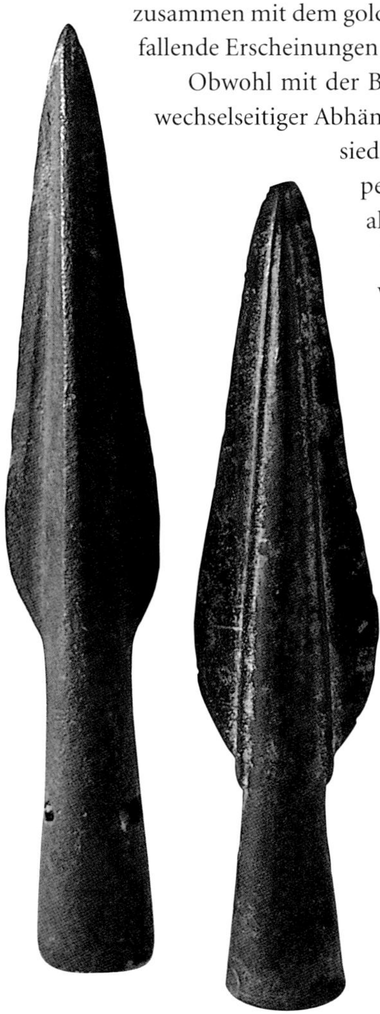

Spätestbronzezeitliche Lanzenspitzen
aus dem Neckar bei Heidelberg-Neuenheim

Folgende Seite:
Schmuckensemble
aus dem mittelbronzezeitlichen Grab einer Dame aus Heidelberg-Bergheim

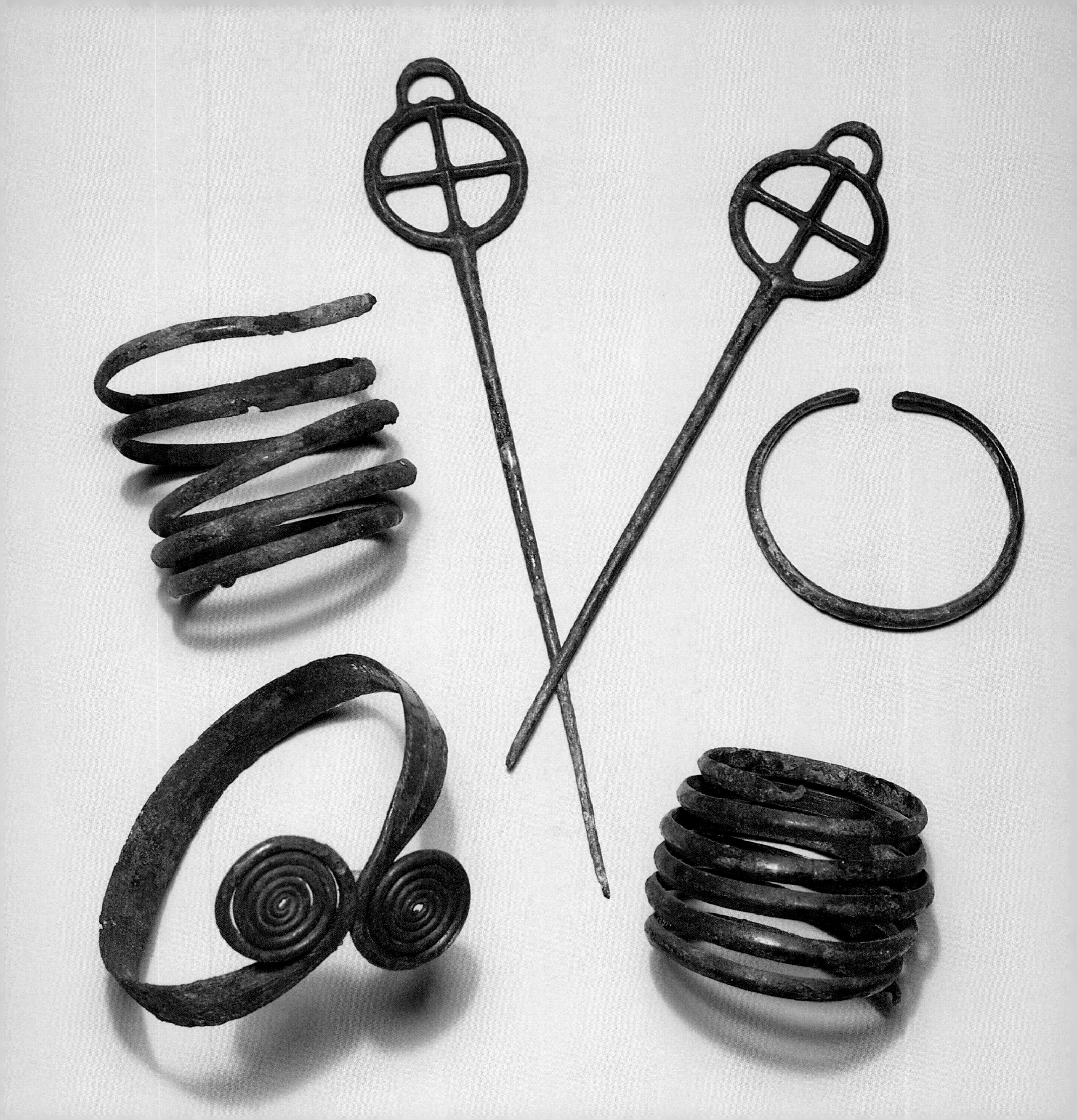

Die Welt der Kelten

»Die Donau entspringt im Land der Kelten nahe der Stadt Pyrene und fließt mitten durch Europa. Die Kelten aber wohnen jenseits der Säulen des Herakles, den Kynesiern benachbart, den am weitesten im Westen beheimateten Bewohnern Europas.«

Herodot (um 484 – 425 v. Chr.)

Mit dieser eher rätselhaften Beschreibung tritt erstmals ein prähistorisches Volk nördlich der Alpen aus der Anonymität der Vorzeit. Die Kelten, von den Griechen auch Galater, von den Römern Gallier genannt, charakterisiert dreierlei: ihre Handels- und Kulturbeziehungen wie ihre kriegerischen Auseinandersetzungen mit der mittelmeerischen Welt, ihr sehr eigenwilliger und phantasievoller Kunststil und schließlich ihre nach südlichem Vorbild entstandenen Städte.

Kopf einer keltischen Großplastik aus dem 5./4. Jahrhundert v. Chr., gefunden in Heidelberg-Bergheim

Die Welt der Kelten
im Überblick

Ältere Hallstattkultur
750 – 600 v. Chr.

Benannt nach dem oberösterreichischen Fundort Hallstatt. Brandbestattungen unter Grabhügeln (entwickelt aus der lokalen Urnenfelderzeit mit Rückgriffen auf die Hügelgräberkultur). Erste Eisenwaffen und Gerätschaften.

Jüngere Hallstattkultur
600 – 480 v. Chr.

Kulturwandel: Körperbestattungen unter Grabhügeln. Herausbildung von Machtzentren, getragen durch eine Oberschicht mit starken Beziehungen zum Mittelmeer. »Fürstengräber« mit reichen Goldbeigaben. »Herrensitze« für die Ranghöchsten.

um 500 v. Chr.

Nennung der Kelten durch Hekataios von Milet.

Frühlatènekultur
480 – 260 v. Chr.

Benannt nach dem Schweizer Fundort La Tène. Übergang vom Grabhügel zum Flachgräberfriedhof. Abbruch der Herrensitze. Entwicklung eines eigenen Kunststils durch Umsetzung mittelmeerischer Figuren und Ornamente. Erste scheibengedrehte Keramik. Große befestigte Höhensiedlung auf dem Heiligenberg. Aufsiedlung des Neckarufers durch ein dichtes Netz bäuerlicher Kleinsiedlungen. Keltische Großplastik in Heidelberg-Bergheim.

420 v. Chr.

Erste Keltenwanderungen.

um 385 v. Chr.

Kelten belagern das Kapitol in Rom.

335/330 v. Chr.

Große Keltenwanderungen, Kelten bei Alexander d. Großen.

Mittellatènekultur
260 – 120 v. Chr.

Brandbestattungen. Beginn der Münzprägung. Erste große befestigte Städte.

Spätlatènekultur
120 – 80 v. Chr.

Große Stadt- und Befestigungsanlagen (Oppida). Durch Wall und Graben umgrenzte Kultstätte (Viereckschanze) in Ladenburg.

113 – 101 v. Chr.

Die Kimbern- und Teutonenzüge bringen die erste Begegnung zwischen Römern und Germanen.

80 – 15 v. Chr.

Zerfall der keltischen Welt.

58 – 51 v. Chr.

Caeasar unterwirft Gallien und dringt bis an den Oberrhein vor.

52 v. Chr.

Aufstand des Vercingetorix.

ab 12 v. Chr.

Römisches Militär erstmals in Südwestdeutschland und Anlage von Militärstationen.

Kelten im Tal und auf dem Berg – Heidelberg im 5. und 4. Jahrhundert v. Chr.

Über das Aussehen keltischer Siedlungen im nördlichen Teil Südwestdeutschlands wissen wir viel weniger als über die großen Fürstensitze im eigentlichen Kernland Südwürttemberg. Ausgegraben wurden hier in erster Linie die Gräber, in deren Nähe sicherlich weilerartige Siedlungen oder Einzelgehöfte lagen.

In der frühen Latènezeit scheint der Raum um Heidelberg mit einem besonders dichten Netz solcher Kleinsiedlungen überzogen gewesen zu sein. Hier suchten die Kelten im 5. und 4. Jahrhundert die fruchtbaren Böden beidseits des Flusses und die Schwemmfächer der kleineren Bäche am Fuß des Odenwalds. Wohnhäuser, Speicher- und Wirtschaftsbauten dieser bäuerlich strukturierten Kleinstdörfer waren aus Holz und Lehm mit stroh- und schilfgedeckten Dächern, unterschieden sich also kaum von den Häusern in der Späten Bronzezeit oder im Frühen Mittelalter.

Der Heiligenberg mit seiner Doppelkuppe von Südwesten

Ganz im Gegensatz dazu stand die befestigte Stadt auf dem Heiligenberg. Im 5. vorchristlichen Jahrhundert befestigten die Kelten den durch eine Senke voneinander getrennten Haupt- und Nebengipfel des Berges mit einer mächtigen Doppelwallanlage. Zu dieser Zeit war nahezu das gesamte umwehrte Gelände besiedelt. Mit der Schachtanlage Heidenloch, einem Brunnen südlich der Thingstätte, und dem Bittersbrunnen am äußeren Wall dürfte die Wasserversorgung der Siedler gesichert gewesen sein.

Lesefunde vom Westhang des Heiligenberges: Doppelpyramidenförmige Eisenbarren, Reste eines tönernen Schmelztiegels und Eisenschlacken

Größere Ackerflächen fehlen auf dem Berg, der anstehende mittlere Buntsandstein erlaubt keine fruchtbaren Böden. Lediglich bestimmte Formen der Waldweidewirtschaft und Ackerbau in geringem Umfang bieten sich im direkten Umfeld der Höhensiedlung an. Die Bewohner waren somit auf die Erträge der Bauern im fruchtbaren Neckartal angewiesen. Deutliche Hinweise auf die Erwerbsgrundlage der Höhenbewohner geben Stücke von Eisenerz, zahllose Eisenschlacken und Reste tönerner Gußtiegel, die den Abbau und die Verhüttung der Eisenerzvorkommen schon durch die Siedler der Frühlatènezeit vermuten lassen. Die Ausbeute dieses lokalen Rohstoffvorkommens schaffte der Höhensiedlung ein Machtmonopol, wie es nur Familien der sozialen Oberschicht innehatten. Auf jeden Fall war der Heiligenberg im 5. und im 4. Jahrhundert v. Chr. politisches, religiöses und kulturelles Zentrum des gesamten Umlandes und verlor erst im 3. Jahrhundert seine Mittelpunktfunktion an Ladenburg. Offensichtlich entwickelten sich die bäuerlichen Kleinsiedlungen in der Ebene unabhängig von der »Stadt« auf dem Berg. Jedenfalls waren die Kelten im Tal schon ansässig, als die Bergbewohner kamen und blieben auch, als diese den Heiligenberg schon längst wieder verlassen hatten.

Im 3. vorchristlichen Jahrhundert begannen die Kelten – nach griechischem Vorbild – mit einer eigenen Münzprägung. Allerdings dauerte es noch 100 Jahre, bis der entscheidende Schritt vom Tauschhandel zur Geldwirtschaft vollzogen war: **Gegossene Potinmünze**, geprägt im östlichen Mittelgallien vom Stamm der Leucer, 1. Jahrhundert v. Chr.; gefunden in der Viereckschanze von Ladenburg.

Die Befestigungsanlagen

Die Ringwälle des Heiligenberges zählen zu den größten keltischen Befestigungsanlagen, die wir aus dem südlichen Mitteleuropa kennen, und sind die eindrucksvollste Hinterlassenschaft der vor- und frühgeschichtlichen Besiedlung auf dem Berg. Sie wurden über Jahrhunderte benutzt und sogar verstärkt, so stammt etwa der Zwischenwall, welcher die hintere höhere Kuppe vom südlichen Teil des Berges trennt, aus dem Mittelalter. Das Wehrsystem besteht aus einem inneren Wall mit einem Umfang von 2,1 Kilometern und einem äußeren deutlich tiefer gelegenen Wall mit 3,1 Kilometer Umfang; eindeutig keltische Tordurchlässe konnten bislang nicht festgestellt werden.

Anschnitt des inneren Ringwalles

im Jahr 1907

Die heute noch vereinzelt im Gelände als Geröllhalde sichtbaren Wälle sind die verstürzten Reste ehemaliger Befestigungsmauern, über deren Entwicklungsgeschichte und Technik allerdings wenig bekannt ist. Wahrscheinlich handelte es sich um sogenannte Pfostenschlitzmauern mit rückwärtiger rampenförmiger Wallschüttung. Deren senkrechte Vorderfront war als Trockenmauer aus Steinbrocken aufgeschichtet. In einem Abstand von durchschnittlich 3 Metern standen in der Mauer senkrechte hölzerne Pfosten, die dem Ganzen größere Stabilität verleihen sollten. Nach Vermoderung der senkrechten Balken erschienen in der Stirnseite der Mauern die namengebenden Schlitze. Mit durchschnittlich 3,50 Meter Mauerhöhe und einer etwa 1,50 Meter hohen hölzernen Brustwehr erreichten solche Wehranlagen stattliches Ausmaß. Die mächtigen Erdrampen hinter den Mauern und zangenförmige Tore mit langen Torgassen verstärkten zudem den wehrhaften Eindruck.

Der Heiligenberg bei Heidelberg

mit seinem doppelten Ringwall sowie den römischen und mittelalterlichen Denkmälern

Äußerer keltischer Ringwall
Innerer keltischer Ringwall
Bittersbrunnen
Heidenloch
Römischer Tempel
Klosterruine St. Michael
Klosterruine St. Stephan
Mittelalterlicher Abschnittswall
Freilichtbühne »Thingstätte«

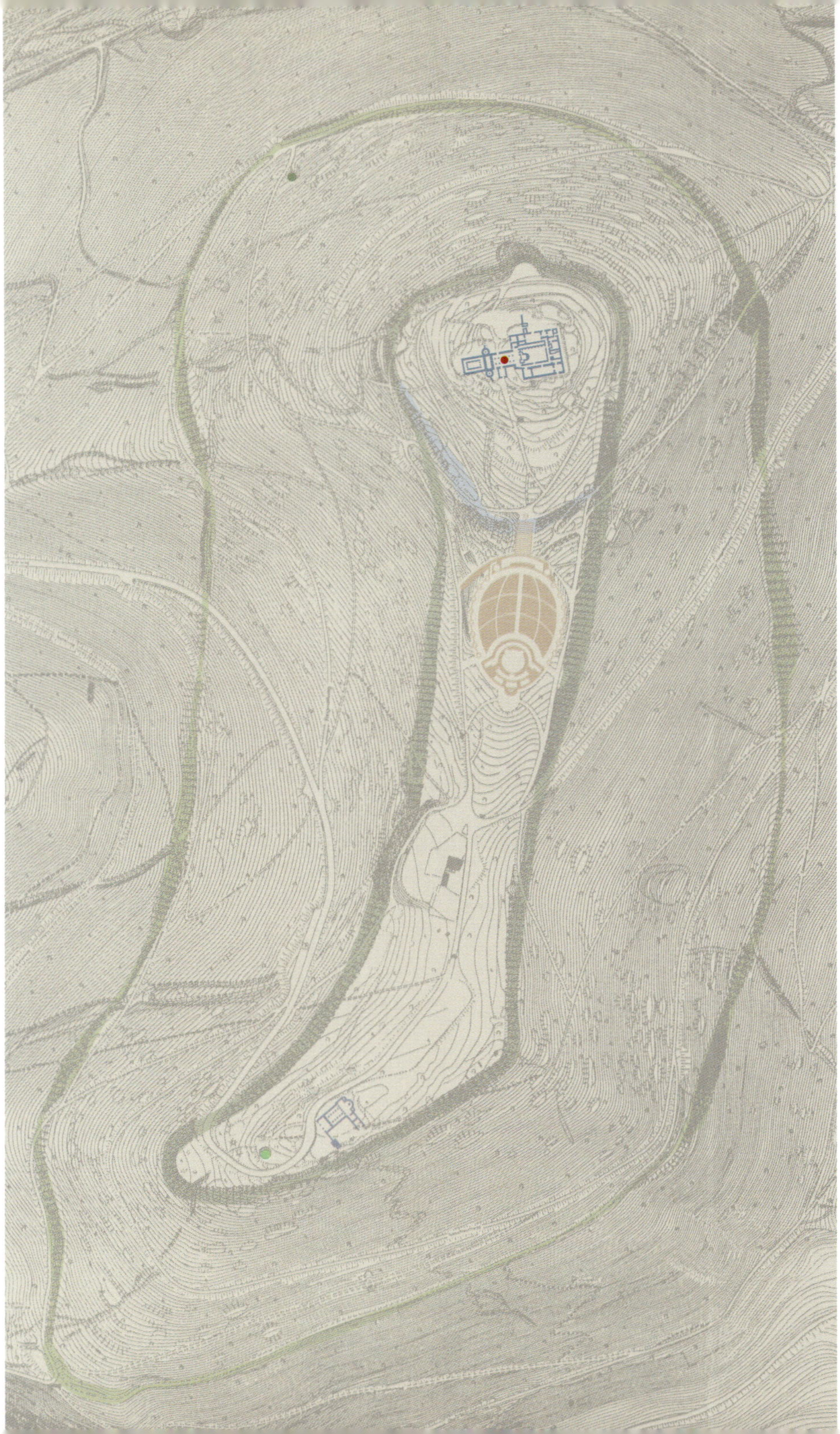

»… sie fürchteten höchstens,
daß der Himmel ihnen auf den Kopf fallen könnte.«

Flavius Arrianus (um 95 – 175 n. Chr.)

Die Grabbeigaben des um 200/100 v. Chr. in Neuenheim verstorbenen Kelten

Keltische Krieger

Diese bemerkenswerte Antwort gaben Abgesandte der Kelten Alexander d. Großen auf seine Frage, was sie am meisten auf der Welt fürchteten.

Über Leben und Wesen der Kelten berichten die antiken Historiker viel Seltsames. Übereinstimmend erschienen sie ihnen als furchteinflößende Barbaren, wobei sie uns mit diesem Klischee ein Bild übermittelten, das wesentlich vom Krieg und dessen Auswirkungen geprägt war.

Stark befremdet und leicht spöttisch kommentierten die Schriftsteller aus dem Süden das bedrohliche Aussehen der Kelten: schwerer Körperbau, weiße Haut, gelbes Haar, mächtiger Schnurrbart, eine tiefe und rauhe Stimme und bunte, wildgemusterte Kleider aus groben fellähnlichen Stoffen.

Offensichtlich besaß für die Kelten der Kampf in Verbindung mit ihrem Glauben an die Seelenwanderung rituellen Charakter, so stürzten sich die Krieger fast wie in einem Rausch mit Todesverachtung in die Schlacht, die ihnen Gelegenheit bot, ehrenvoll ins Jenseits zu gelangen. Dies machte sie zu unberechenbaren und gefährlichen Gegnern, deren Verhalten häufig nicht kalkulierbar oder rational erklärbar war. Andererseits schätzte man ihren Kampfgeist und warb sie bis nach Kleinasien als Söldner an. Der Kelte selbst erstrebte Unabhängigkeit und Wehrhaftigkeit, nur der bewaffnete Mann galt als ganzer Mann. Dazu gehörte seit dem 4. vorchristlichen Jahrhundert und dann über 300 Jahre lang Schwert, Lanze und Ovalschild, Metallhelme blieben den Anführern vorbehalten. So ausgerüstet zog der Krieger zu Fuß oder zu Pferd, die Adligen auf den Streitwagen in den Kampf und so wurden sie – wie etwa der Krieger aus Neuenheim – bestattet.

Die Römische Kaiserzeit

»Wo die Römer Fuß gefaßt haben, da kann sie keine Masse von Angreifern, keine List und auch keine Geländeschwierigkeit, ja nicht einmal die Gewalt des Schicksals zur Kapitulation bringen, denn die Sicherheit des Sieges ist bei ihnen noch unerschütterlicher als das Schicksal selbst.«

Flavius Josephus (38 – 110 n. Chr.)

Grundstein und Garantin des römischen Weltreiches war die römische Armee. Ihre Stärke beruhte auf der großen Professionalität, die sich in einer effizienten inneren Organisation, einem hohen Niveau in Ausbildung und Waffentechnik sowie in der großen Disziplin ihrer Soldaten widerspiegelte. Ihre Truppenverbände, die Fußtruppen der Legionen und Hilfstruppen sowie die Reiterei, hatten im Kampf jeweils bestimmte taktische Aufgaben und besaßen dafür auch eine spezielle Bewaffnung, die jedoch einer einheitlichen Grundausstattung folgte. Das römische Militär besaß damit eine Uniformität, die erst wieder in den neuzeitlichen Heeren des 18. Jahrhunderts erreicht wurde. In den unterworfenen Provinzen wandelte sich die Besatzungsmacht schnell hin zu einer Bewahrerin des Friedens und Wohlstandes für die Bewohner. Ihre Handwerker und Verwaltungsfachleute bauten die Infrastruktur des Landes aus, und durch die Soldzahlungen an die Soldaten kamen Geld und wirtschaftlicher Aufschwung ins Land. Die Rekrutierung aus den Provinzen selbst führte schließlich zu einer hohen Identifikation der Provinzbewohner mit »ihrer« Armee.

58–51 v. Chr.

Caesar erobert Gallien und dringt bis an den Rhein vor.

15–12 v. Chr.

Tiberius und Drusus unterwerfen die Alpenvölker und erreichen über Hochrhein und Bodensee das Alpenvorland und die Donauquellen. Anlage des Legionslagers von Dangstetten am Hochrhein.

12 v. – 6 n. Chr.

Germanenkriege unter Tiberius und Drusus. Vorstöße vom Legionslager Mainz aus durch die Wetterau und das Maintal. Militärlager in Augsburg.

9 n. Chr.

Varusschlacht. Verlust der rechtsrheinischen Gebiete.

16 n. Chr.

Verzicht Roms auf die Eroberung Germaniens. Anlage des Legionslagers in Windisch und einer Straße am Alpenrand.

41–54 n. Chr.

Unter Claudius Einrichtung von Kastellen an der Donau und am Kaiserstuhl. Weitere rechtsrheinische Kastelle entstehen im Vorfeld von Mainz.

69/70 n. Chr.

Vierkaiserjahr in Rom nach der Ermordung Neros. Volksaufstände am Niederrhein und in der Schweiz.

69–79 n. Chr.

Unter Vespasian Wiederaufbau und Neuorganisation der Grenze. Rechtsrheinische Kastelle in Offenburg, Ladenburg, Heidelberg und Groß-Gerau.

74 n. Chr.

Bau einer Straße vom Rhein an die Donau, von Straßburg nach Rottweil.

90–110 n. Chr.

Unter Domitian und Trajan Vorverlegung der Truppen auf die Schwäbische Alb und an den mittleren Neckar. Bau der kürzesten Straßenverbindung zwischen Mainz und Augsburg.

155–160 n. Chr.

Unter Antoninus Pius Vorverlegung der Kastelle an den äußeren Limes.

160–200 n. Chr.

Ausbau des Limes mit Wall und Graben in Obergermanien und mit einer Mauer in Rätien.

233 n. Chr.

Erster großer Germaneneinfall nach Obergermanien und Rätien.

259/60 n. Chr.

Die Germanen überrennen erneut den Limes und dringen plündernd über den Rhein bis nach Gallien vor.

260–270 n. Chr.

Aufgabe des Limes, Verlust der rechtsrheinischen Gebiete; der Rhein wird wieder Reichsgrenze.

Römisches Militär in Südwestdeutschland

Erste Germanen am Neckar – Die Neckarschwaben

Der Grabstein des Neckarsueben Respectus aus dem 2./Anfang 3. Jahrhundert n. Chr. war im 7. Jahrhundert zum Schutz eines fränkischen Plattengrabes in Heidelberg-Bergheim wiederverwendet worden.

Nach den gescheiterten Eroberungsplänen des Augustus zogen sich die Römer unter Kaiser Tiberius auf die linke Rheinseite zurück. Auf dem gegenüberliegenden Ufer begannen sie mit der Ansiedlung germanischer Kulturgruppen, die in erster Linie aus dem Raum um Elbe und Saale stammten. Die romfreundlichen Neusiedler sollten neben der militärischen Sicherung der Reichsgrenze die weitgehend entvölkerte Oberrheinebene neu aufsiedeln.

Am Unterlauf des Neckars um Ladenburg ließ sich ein Teilstamm der Schwaben nieder. Römische Inschriften bezeichnen die Neuankömmlinge als Suebi Nicrenses (Neckarschwaben). In den späten 70er Jahren des 1. nachchristlichen Jahrhunderts wurde ihr Siedlungsgebiet Teil des Römischen Weltreiches und Ladenburg (Lopodunum) zum Vorort eines neuen Verwaltungsbezirkes: der Civitas Ulpia Sueborum Nicrensium. Mit der Eingliederung in das römische Reichsgebiet und der Gründung von Kastellen verloren die Neckarschwaben ihre militärischen Schutzaufgaben. Im Laufe des 2. Jahrhunderts verschmolzen sie langsam mit der römischen Bevölkerung, hielten aber zäh an ihren militärischen Tätigkeiten fest. Bestes Beispiel dafür ist der Neckarschwabe Respectus, der im 2. oder 3. Jahrhundert n. Chr. als Kundschafter im römischen Heer Dienst tat.

Die Neckarschwaben behielten viele ihrer ethnischen Eigenheiten, die ihre Wurzeln im germanischen Ursprungsgebiet an Elbe und Saale, in Böhmen und der Slowakei hatten. Charakteristische Trachtbestandteile, eine eigenwillige handgeformte Gefäßkeramik und ein besonderer Bestattungsbrauch unterschieden sie durch das gesamte 1. nachchristliche Jahrhundert von der römischen Bevölkerung. So etwa erhielt der verstorbene Germane seine Waffen mit ins Jenseits. Von römischen Trink- und Tischsitten zeugen die vielen Bronzegefäße wie Eimer, Kasserollen, Siebe und Kannen, mit denen gerade die barbarischen Randvölker römischen Lebensstil beweisen wollten. Sie verzichteten allerdings nicht auf liebgewordene Zechgewohnheiten. Davon zeugen die bronzebeschlagenen Trinkhörner, deren Inhalt manchem germanischen Krieger das Sein im Jenseits versüßen sollte.

Auch in der Anlage ihrer Dörfer und der Bauweise ihrer Häuser blieben die Germanen am Neckar den Traditionen aus ihrem Herkunftsland verbunden. Sie mieden lange Zeit die römischen Ansiedlungen und lebten fern ab von diesen in eigenen Dorfgemeinschaften. Erst mit der Erschließung des Umlandes durch ein dichtes Netz römischer Gutshöfe wurden die neckarsuebischen Siedlungen nach und nach aufgegeben. Die germanischen Dörfer unterschieden sich sehr augenfällig von denen der Römer. Es fehlten Bebauungspläne, wie sie vielen römischen Siedlungen zu Grunde lagen, man kannte keine Orientierungsachsen durch Straßen, keine Steinbauten, Ziegeldächer, zentrale Heizanlagen oder gar Badehäuser. Zu den

Ballungsräumen suebischer Besiedlung zählten die Gegenden um Ladenburg und um das Neckarmündungsgebiet. In Heidelberg fanden sich Spuren germanischer Siedler in Bergheim, Wieblingen und besonders auf Kirchheimer Gemarkung, wo zahlreiche Abfallgruben und sechs Hausgrundrisse ergraben wurden. Rechteckige Hütten, die Grubenhäuser, waren leicht in die Erde eingetieft, ihr Dach konnte auf bis zu sechs Eck- bzw. Firstpfosten ruhen. Wie die Webgewichte, Spinnwirtel und Metallschlacken beweisen, wurden hier Textilien und Metall verarbeitet; zu Wohnzwecken waren die kleinen, nicht geheizten Hütten ungeeignet. Auch das neckarsuebische Dorf in Kirchheim wurde spätestens um die Mitte des 2. nachchristlichen Jahrhunderts verlassen; wohin dessen Bewohner nun zogen – vielleicht in die komfortableren römischen Vicushäuser – wissen wir nicht.

Die neckarsuebische Siedlung von Heidelberg-Kirchheim während der Ausgrabung

Das Heer der Kaiserzeit

Das römische Heer der Kaiserzeit bestand aus Legionen, Hilfstruppen und Flottenverbänden. Mit einer Gesamtzahl von ca. 400 000 – 500 000 Mann war es die größte Armee bis zum Beginn des 19. Jahrhunderts. Angesichts der Größe des Reiches, von Spanien bis Syrien und von Afrika bis Britannien, war diese Zahl jedoch eher knapp bemessen. Den Kern der Armee bildeten die ca. 28 Legionen mit je 5500 – 6000 Soldaten. Die Legionäre waren Berufssoldaten, die bei ihrem Eintritt das römische Bürgerrecht vorweisen mußten. Ihre Dienstzeit betrug 20 Jahre. Die Hilfstruppen (Auxiliareinheiten) waren kleinere Einheiten mit jeweils 500 oder 1000 Mann, die aus den unterworfenen Provinzen rekrutiert wurden. Die Dienstzeit dauerte hier 25 Jahre. Mit diesen Einheiten konnte die römische Armee spezialisierte Waffengattungen wie syrische Bogenschützen oder keltische Reitertruppen in ihre Kriegsführung integrieren. Für die Soldaten bedeutete der Dienst in einer solchen Einheit durch die Soldzahlungen und die Erlangung des Bürgerrechtes nach Ablauf der Dienstzeit eine Möglichkeit zum sozialen und wirtschaftlichen Aufstieg. Im 2. Jahrhundert n. Chr. entstand eine neue Gattung von Hilfstruppen, die Numeri. Dies waren taktische Einheiten mit ca. 120 Soldaten, die entlang der Grenze u.a. als Kundschafter eingesetzt wurden. Auch hier betrug die Dienstzeit 25 Jahre. Römische Flottenverbände gab es auf Meeren und Flüssen. Die Rheinflotte hatte ihren Sitz in Köln.

Für die hohen Reichsbeamten aus dem Senatorenstand gehörte die Übernahme militärischer Ämter zum festen Bestandteil ihrer beruflichen Karriere. Gerade in Krisenzeiten konnten sie sich auf solchen Posten bewähren und sich dem Kaiser für höhere Aufgaben empfehlen. Militärtribune waren stets sehr junge Offiziere von Anfang 20, die in der Legion für zwei Jahre unter der Führung eines langgedienten Kommandanten Erfahrungen in der Kriegsführung und Truppenorganisation sammelten. Mit 30 Jahren konnte ein solcher Senator vom Kaiser mit der Führung einer Legion betraut werden, wobei er dieses Amt für drei Jahre ausübte. Danach folgte im Idealfall das Konsulat in Rom, auf das je nach Befähigung weitere militärische Ämter folgten, zum Beispiel als Statthalter in Mainz, der den Oberbefehl über alle in der Provinz Obergermanien stehenden Legionen und Hilfstruppen innehatte.

»... Gleichzeitig stürzte er sich mitten unter die Feinde, tötete zwei und drängte den Rest vorübergehend vom Tor ab. Als seine Soldaten versuchten, ihm zu Hilfe zu kommen, rief er: ›Mir kann keiner mehr helfen, mein Blut und meine Kräfte rinnen davon. Seht zu, daß ihr weg kommt, und euch zur Legion durchschlagt, bevor es zu spät ist‹. So fiel er kämpfend und rettete seine Soldaten.«

Der Centurio Marcus Petronius vor Gergovia. Caesar (100 – 44 v. Chr.)

Der Zenturio

Die Zenturionen, die Kommandeure der 80 Mann starken Zenturie, der kleinsten taktischen Einheiten der Legionen und Hilfstruppen, waren das Rückgrat der römischen Armee. Als erfahrene Soldaten hatten sie sich in über 20 Dienstjahren vom einfachen Soldaten über verschiedene Unteroffiziersränge bis zum Zenturio emporgedient. Auch nach ihrer offiziellen

Römische Auxiliarsoldaten, angeführt von Feldzeichenträger, Hornbläser und Zenturio

Dienstzeit von 25 Jahren blieben sie meistens im aktiven Dienst. Im militärischen Alltag regelte der Zenturio den Dienstbetrieb, leitete die Ausbildung und verhängte auch Disziplinarstrafen. Symbol seiner Befehlsgewalt war die Vitis, ein Holzstock, der auch zur Züchtigung diente. Wohl und Wehe des einfachen Soldaten hingen von der Persönlichkeit seines Zenturio ab. Sie wurden von daher sowohl geehrt und geachtet, als auch gefürchtet und gehaßt. Unter den 59 Zenturionen einer Legion war derjenige, der die 1. Zenturie der 1. Kohorte anführte, der vornehmste. Er trug den Titel Primus Pilus. Diese Männer waren im Durchschnitt 50–60 Jahre alt und hatten oft schon über 15 Jahre lang als Zenturio gedient. Ihr Gehalt sicherte ihnen den Aufstieg in den Ritterstand, wodurch ihnen auch weitere hohe Staatsämter zugänglich waren. Der Rang des Primus Pilus, der Traum jedes einfachen Soldaten, ist gleichsam das Symbol für eine auf persönlicher Leistung beruhende Karriere in der römischen Armee.

Stationen eines Soldatenlebens

»...Die Sache hat sich gut angelassen. Serapis sei Dank, ich bin hier heil angekommen, und während die anderen den ganzen Tag Steine klopfen und ähnliche üble Arbeiten tun, ist mir das bisher erspart geblieben. Ich bat den Statthalter Claudius Severus, mich in seiner Schreibstube zu beschäftigen. Er antwortete: ›Im Moment ist da kein Posten frei, aber ich mache dich zum Schreibstubengefreiten (librarius) im Legionsstab, mit Aussicht auf Beförderung‹.«

Brief des Rekruten Iulius Apolinarius an seinen Vater Sabinus vom 26. März 107 n. Chr. (erhalten auf einem Papyrus in Ägypten)

Der einfache Soldat trat mit 18–21 Jahren in die Armee ein. Als Rekrut mußte er sich zunächst einer Musterung (probatio) unterziehen, bei der seine rechtlichen und medizinischen Voraussetzungen für den Militärdienst überprüft wurden. Danach trat er an seinem Stationierungsort als gemusterter Anwärter (probatus) seine viermonatige Ausbildung an, die u.a. Waffendrill, Gepäckmärsche und Schanzarbeiten beinhaltete. Erst nach dieser Zeit wurde er vereidigt und war nun mit voller Rechtskraft Soldat der römischen Armee. Sein Jahressold (stipendium) betrug 187 Denare als Hilfstruppensoldat und 225 Denare als Legionär, wovon jedoch ein Teil für Kleidung, Verpflegung und Waffenreparaturen einbehalten wurde. Bei besonderen Qualifikationen, wie gutes Schreiben und Rechnen konnte er vom normalen Dienst als Immunis freigestellt werden. Dies galt u.a. für den Feldzeichenträger (signifer), der gleichzeitig auch die Truppenkasse verwaltete, die Vorsteher und Sekretäre in den Schreibstuben (cornicularii und librarii). Besonders hoch angesehen war der Adlerträger einer Legion (aquilifer).

Eine wichtige Rolle im Leben der Soldaten spielten die Auszeichnungen, meist verliehen für besondere Tapferkeit, die mit Vergünstigungen und Geldzahlungen verbunden waren. Sichtbare Zeichen solcher Dona militaria waren Abzeichen und Orden in verschiedenen Ausführungen. Man unterschied kreisrunde Zierscheiben (phalerae), Armreifen (armillae) und Halsringe (torques). Besonders angesehen war ein Kranz aus Eichenlaub, die Bürgerkrone (corona civica), die für die Errettung eines römischen Bürgers aus Lebensgefahr verliehen wurde. Der ausgezeichnete Soldat trug diese Ehrenzeichen bei Paraden oder an Festtagen an seiner Rüstung. Ehrenzeichen für ganze Truppenteile wurden am Feldzeichen der Truppe befestigt.

Nach 20 bzw. 25 Dienstjahren wurde der Legions- bzw. Hilfstruppensoldat ehrenvoll aus der Armee entlassen. Dieses Ereignis erlebten immerhin ca. drei von fünf Soldaten. Der Legionär bekam ein Entlassungsgeld von 3000 Denaren, das es ihm ermöglichte, sich zusammen mit seinen Ersparnissen eine Existenz aufzubauen. Dem Soldat einer Hilfstruppe wurde nun das römische Bürgerrecht für sich und seine Nachkommen verliehen.

Für sein persönliches Schicksal sehr bedeutend war auch die Verleihung des Eherechtes (ius conubium), wodurch die oft schon länger bestehende Beziehung zu seiner Frau und eventuell seinen Kindern, die meist im Lagerdorf des Kastells wohnten, endlich auch rechtlich legitimiert wurde. Als Bestätigung seiner Entlassung und seiner neuen Rechte erhielt er eine auf seinen Namen ausgestellte und mit Siegeln beglaubigte Urkunde, das sog. Militärdiplom.

Oft blieben die entlassenen Soldaten in der Umgebung ihres Lagers wohnen, arbeiteten im Lagerdorf als Handwerker oder Händler oder übernahmen eines der umliegenden Landgüter (villae rusticae).

Das Militärlager

Aufbau und Organisation eines Militärlagers sind für jede Armee von großer Bedeutung. Im Lagerbau sollen sich einerseits die innere Gliederung und die Aufgaben der Truppe widerspiegeln, andererseits gilt das Lager dem Soldaten als sein Zuhause und muß von daher mit seiner Infrastruktur dessen Bedürfnisse befriedigen. Mit der Errichtung fester Standlager entlang der Reichsgrenzen im 1. Jahrhundert n. Chr. entwickelte die römische Armee ein einheitliches Schema für ihre Lager, die sich je nach Art der stationierten Einheit nur in der Größe und nach Art und Anzahl einiger Innenbauten voneinander unterschieden.

Waffen und Ausrüstung des Soldaten wurden in eigenen zentralen Werkstätten hergestellt. Zudem gab es in jedem Lager Werkstätten, in denen notwendige Reparaturen ausgeführt werden konnten. Die Armee betrieb auch eigene Steinbrüche und Ziegeleien zur Baustoffgewinnung. Die wichtigste Aufgabe war jedoch die Versorgung der Soldaten mit Lebensmitteln. Allein für eine Kohorte von 500 Mann waren 200–300 Tonnen Getreide pro Jahr nötig. Zu jedem Lager gehörte deswegen auch eigenes Nutzland, auf dem Ackerbau und Viehzucht betrieben wurde. Getreide, Gemüse, Fleisch und Käse konnten so selbst produziert werden; Salz, Wein und Öl wurden dagegen importiert. Mit zunehmender wirtschaftlicher Entwicklung des Landes griff die Armee immer mehr auf die Erzeugnisse der Provinzbewohner zurück. In den Lagerdörfern siedelten sich Handwerker und Händler an, und die zahlreichen Landgüter waren im Stande, die Provinzbevölkerung und das Militär in den Grenzkastellen mit Lebensmitteln zu versorgen.

Der Limes im Odenwald

Anfang des 2. Jahrhunderts n. Chr. wurde als Verbindung zwischen den römischen Kastellen an Neckar und Main eine überwachte Grenzlinie durch den Odenwald eingerichtet. Sie verläuft vom Kastell Wörth am Main über Lützelbach, Würzberg, Oberscheidental und Neckarburken bis nach Bad Wimpfen am Neckar. Dieser Limes war mit 83 Wachtürmen (burgi) versehen, die im Gelände so postiert waren, daß zum jeweils benachbarten Turm Sichtverbindung bestand, um Signale mit Fackeln oder Fahnen weiterzugeben. Die Türme waren ca. 10 Meter hoch und hatten eine Grundfläche von etwa 25 Quadratmetern. Sie waren so stabil konstruiert, daß sie kleineren Angriffen eine Zeit lang widerstehen konnten. Deshalb lag der Eingang auch im Mittelgeschoß und war nur über eine Leiter zugänglich. Große Panoramafenster im Obergeschoß ermöglichten eine gute Aussicht. Bei den Steintürmen diente das nur von oben zugängliche Erdgeschoß als Vorrats- und Lagerraum. Die vier bis acht Mann starke Besatzung der Türme stammte aus den in regelmäßigen Abständen liegenden Kastellen, die strategisch wichtige Bergrücken oder Täler überwachten.

Die taktische Organisation des Limes als Überwachungslinie war weder dazu geeignet, noch dazu gedacht, großangelegten germanischen Angriffen auf das Reichsgebiet zu widerstehen. Sie diente vielmehr der Abwehr kleiner räuberischer Überfälle, aber vor allem der Kontrolle des Personen- und Warenverkehrs, der so auf die eingerichteten Übergänge beschränkt blieb.

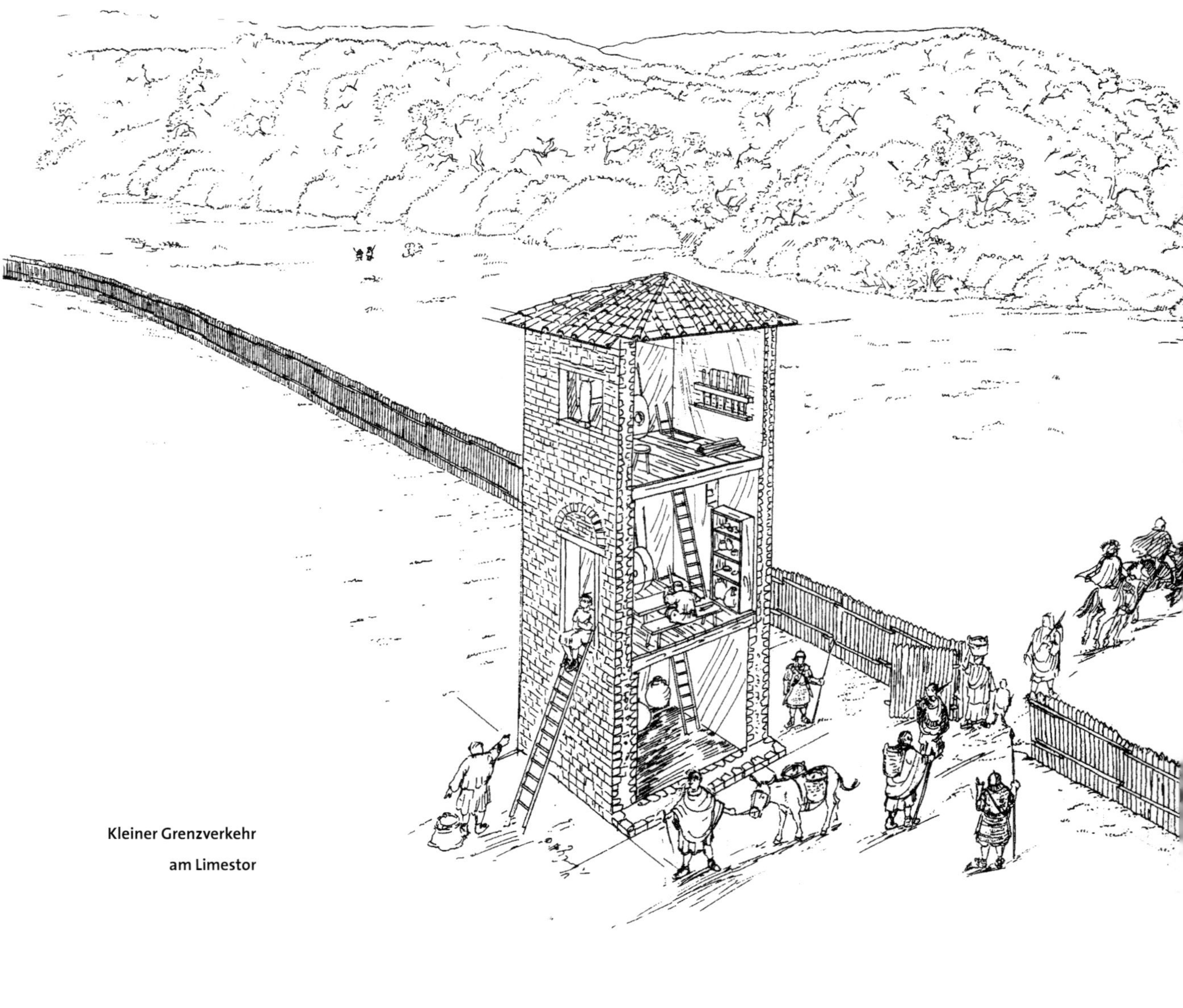

Kleiner Grenzverkehr am Limestor

Ausbaustufen des Odenwaldlimes

In seiner ersten Ausbauphase um 100 n. Chr. bestand der Limes aus einem einfachen Postenweg, der durch Holztürme überwacht wurde.

Um 120 – 130 n. Chr. erfolgte die Anlage einer Holzpalisade, die dem Weg als Annäherungshindernis vorgelagert ist.

In der dritten Ausbaustufe um 145 – 150 n. Chr. wurden die hölzernen Wachtürme durch Steintürme ersetzt.

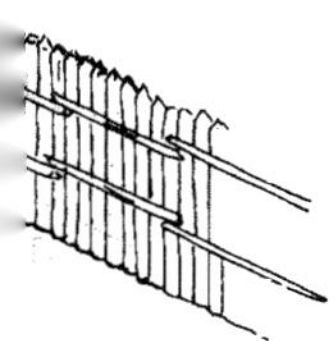

Römisches Militär in Heidelberg

Die älteste bislang bekannte militärische Anlage auf Heidelberger Boden, das sog. Ostkastell, lag zwischen Kepler- und Werderstraße, zu beiden Seiten der Ladenburger Straße. Damit führte seine Nord-Süd-Achse mit dem neckarseitigen Ausfalltor (porta praetoria) direkt auf die später errichtete römische Neckarbrücke. Schon zu Beginn der Regierungszeit des Kaisers

Die Militärzeit
im Überblick

um 20 n. Chr.

Ansiedlung romtreuer Germanenstämme am Unteren Neckar zur Vorfeldsicherung der Rheingrenze.

41–54 n. Chr.

Befestigung der Rheingrenze durch eine Kette von Auxiliarlagern. Anlage des Straßennetzes.

69–79 n. Chr.

Abfolge mehrerer Kastelle im Osten und Westen von Neuenheim.

73/74 n. Chr.

Auflassung des Heidelberger Ostkastells und Verlegung des Truppenstandortes einige hundert Meter neckarabwärts.

80/90 n. Chr.

Erste Pfahljochbrücke quert bei Heidelberg den Neckar, ermöglicht ungehinderten Nord-Süd-Verkehr. Bau eines Militärbades unmittelbar am Neckarufer.

um 85 n. Chr.

Gründung der römischen Provinz Obergermanien (Germania Superior) mit der Hauptstadt Mainz (Mogontiacum).

um 90 n. Chr.

Ausbau des Kohortenlagers in Stein durch die Cohors II Augusta Cyrenaica Equitata.

98–117 n. Chr.

Gliederung der Provinz in selbstverwaltende Stammesgebiete (civitates). Darunter auch die Civitas Ulpia Sueborum Nicrensium mit Hauptort Ladenburg (Lopodunum).

um 135 n. Chr.

Verlegung der Heidelberger Besatzung im Zuge von Truppenverschiebungen an den Limes nach Butzbach in die Wetterau.

150 n. Chr.

Einrichtung eines Polizeipostens am südlichen Brückenkopf.

um 233 n. Chr.

Verstärkung der Tortürme des Steinkastells im Zuge der ersten Germaneneinfälle.

260/270 n. Chr.

Endgültige Aufgabe des Militärstandortes Heidelberg.

Vespasian (69–79 n. Chr.) wurde dieses Kastell aufgegeben, d.h. die Lagergräben verfüllt, die Mauern geschleift. Das ehemalige Kastellgelände wurde in zivile Nutzung überführt, es entstanden dort Wohnbauten für Militärangehörige und Zivilisten. Aus dem Bereich des Ostkastells stammt ein auf den ersten Blick unscheinbares, aber aussagekräftiges Fundstück, nämlich die beinerne Endversteifung eines Militärbogens. Da Pfeil und Bogen den Römern fremd, in Syrien, Thrakien oder Spanien dagegen recht geläufig waren, deutet dieser Fund an, daß in Heidelberg zeitweise eine Einheit von Bogenschützen aus einer dieser Regionen gelegen hat.

Die militärischen Anlagen in Heidelberg

1 Ostkastell
2 Westkastell I
3 Westkastell II
4 Westkastell III
5 Kastellbad

Kaiser Vespasian ließ den Platz eines neuen Militärlagers um etwa 500 Meter nach Westen verlegen. Hier weisen Reste verfüllter Befestigungsgräben auf mehrere Anlagen bzw. auf Aus- und Umbauten. Um 90 n. Chr. wurde das einzige in Stein ausgebaute Militärlager auf Heidelberger Boden errichtet. Ihm ging ein 74 n. Chr. gegründetes Holzkastell voraus, das durch Brand zerstört wurde. Die Straßenzüge Posseltstraße, Kastellweg, Gerhart-Hauptmann-Straße und Furchgasse beschreiben in etwa die Ausdehnung des ehemals umwehrten Bereiches.

Das Steinkastell hatte einen fast quadratischen Innenraum von 3 Hektar mit 176 bzw. 178 Meter Seitenlänge. Die Lagermauer war etwa 5 Meter hoch, 1,80–2,20 Meter stark und bestand aus Buntsandsteinquadern; hinter ihr war ein Erdwall aufgeschüttet. Vor der Mauer lag ein 5–8 Meter breiter und 3,50 Meter tiefer Spitzgraben, der in Höhe der Tore unterbrochen war. 16 Zwischentürme und vier trapezförmige Ecktürme verstärkten die Wehrhaftigkeit von Mauer und Graben. Als Durchlässe dienten vier – von je zwei massiven Steintürmen flankierte – Tore.

Wie alle römischen Lager besaß auch das Heidelberger Kastell ein rechtwinkliges Straßensystem. Vom Lagermittelpunkt vor dem Stabsgebäude führte die via praetoria durch den vorderen Lagerteil zum Haupttor im Süden, der porta praetoria. Die via principalis verband die beiden Seitentore (porta principalis dextra und sinistra), die via decumana teilte das rückwärtige Lagerareal und endete am Nordtor, der porta decumana. Mittelpunkt war das Stabsgebäude (principia), um dessen Innenhof Schreibstuben und Waffenkammern gruppiert waren. In einem zentralen Raum in der rückwärtigen Raumflucht befand sich das Fahnenheiligtum, wo neben den Feldzeichen auch Altäre und Kaiserbildnisse für den Kaiserkult untergebracht waren. In einem Keller wurde hier die Truppenkasse aufbewahrt. Für jede Zenturie gab es eine Baracke mit zehn Wohneinheiten für je acht Soldaten (contubernium). Dem Führer der Zenturie (centurio) blieb eine separate Wohnung am Ende der Baracke vorbehalten. Von den verschiedenen steinernen Innenbauten des Kastells kennen wir – außer dem Stabsgebäude – das Wohnhaus des Kommandanten (praetorium) mit zugehöriger Badeanlage, ein Speichergebäude (horreum) und vermutlich auch das Lazarett (valetudinarium). Die Mannschaftsbaracken und Ställe waren in Fachwerkbauweise errichtet.

Unter den Fundstücken aus dem Kastellareal beweisen zahlreiche Bestandteile von Pferdegeschirr, daß hier eine Reitereinheit gelegen hat. Andere Ausrüstungsteile, wie Gür-

Im Rahmen einer großen Flächengrabung wurden 1975 Teile der Innenbebauung untersucht und dabei die verfüllten Spitzgräben einer Vorgängeranlage angeschnitten.

Die Umwehrung des Steinkastells mit Graben und Mauer

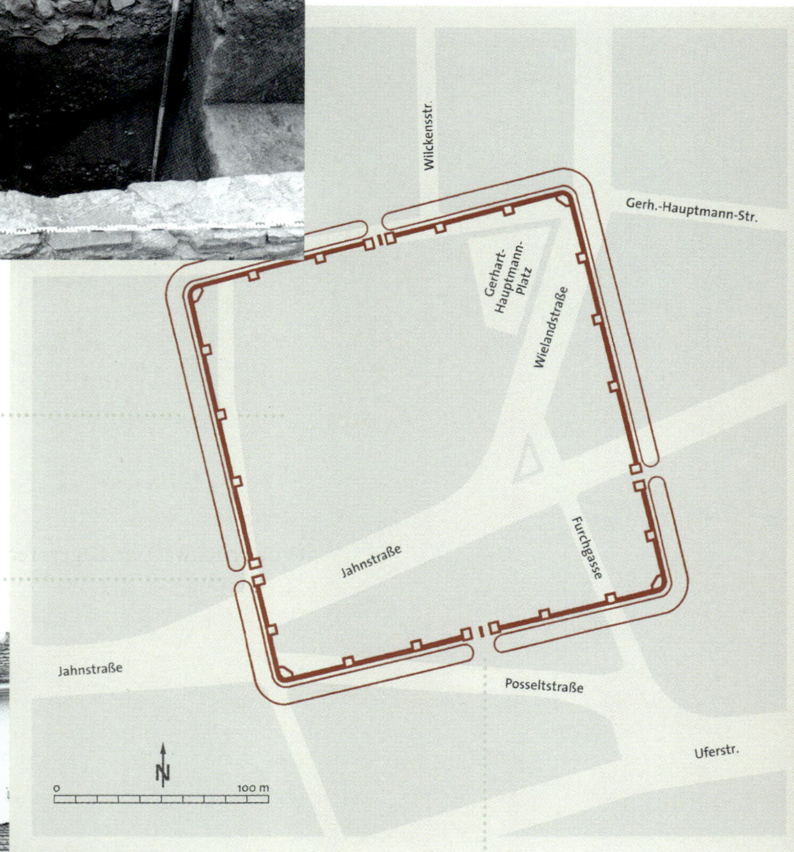

Bereits 1953 wurde das am Kastellweg gelegene westliche Seitentor (porta principalis dextra) ausgegraben. Sichtbar war damals der nördliche Torturm, der Ansatz der Tordurchfahrt und die nach Norden anschließende Kastellmauer.

1983 bot sich in der Posseltstraße die Gelegenheit, das südliche Ausfalltor zu untersuchen.

Linke Seite:
Militärische Ausrüstungsteile aus Neuenheim

telbleche oder ein Zierniet mit Kaiserporträt vom Hängeschurz belegen die Anwesenheit von Fußtruppen. Der Name der Einheit ist durch eine Weiheinschrift, durch Ziegelstempel und durch einen eisernen Axtstempel überliefert. Es war die aus 380 Mann und 120 Reitern bestehende Cohors II Augusta Cyrenaica Equitata, deren Namen sich auf Kriegstaten in Nordafrika bezog. Um 135 n. Chr. wurde sie abgezogen und an den obergermanischen Limes nach Butzbach verlegt. Obwohl nun in Heidelberg kein Militär mehr stand, blieb das Steinkastell mit besonderer Nutzung bestehen. Seit dem Jahr 233 n. Chr. drängten vermehrt Germanen aus dem mitteldeutschen Raum nach Südwesten, Überfälle und Brandschatzungen trafen auch den Heidelberger Raum. Die Tore des Steinkastells wurden verstärkt, ein am Westtor vergrabener Münzschatz blieb ungehoben. Spätestens mit dem Abzug der regulären Truppen vom obergermanischen und rätischen Limes um 260/270 n. Chr. wurde der Militärstandort Neuenheim endgültig aufgegeben.

Axtstempel der Cohors II Augusta Cyrenaica Equitata

Wichtige Zeugnisse der römischen Militärgeschichte in Heidelberg sind die in Neuenheim gefundenen Ziegelstempel verschiedener Legionen und Hilfstruppen. Ihr Sinn und Zweck lag, neben der Funktion als Herkunfts- und Besitzangabe, in ihrem Gebrauch als Zählmarke zur Arbeitskontrolle innerhalb der Ziegelei. Für den heutigen Betrachter belegen sie, welche Truppen an einem Ort stationiert waren und Ziegel produzierten, bzw. von welchen Einheiten Baumaterial von anderen Orten für Baumaßnahmen bezogen wurde. Ziegelstempel derselben Einheit an verschiedenen Orten können zudem auf Truppenverschiebungen hinweisen.

In Heidelberg-Neuenheim fanden sich die Ziegelstempel zweier Hilfstruppenkohorten, der Cohors XXIIII Voluntariorum Civium Romanorum und der Cohors II Augusta Cyrenaica Equitata, die nacheinander zwischen 74 und 135 n. Chr. in Neuenheim stationiert waren und hier auch Ziegel produzierten. Von der 14. und 21. Legion, die bis 90 und 92 n. Chr. in Mainz lagen und eine große Ziegelei in Frankfurt-Höchst betrieben, wurden die Ziegel für größere Baumaßnahmen wie auch das Heidelberger Kastellbad geliefert. Die Stempel datieren die Errichtung des Bades bzw. seinen Aus- oder Umbau in die 80er Jahre des 1. Jahrhunderts n. Chr. Ein weiterer Legionsziegel stammt von der 8. Legion, die seit ca. 70/80 n. Chr. in Straßburg stationiert war.

Wenn die ca. 500 in Neuenheim stationierten Soldaten nicht gerade zu Sonderkommandos wie Bauarbeiten an Straßen und Brücken oder zu Begleit- und Kurierdiensten abkom-

Rechte Seite:
Wer und wohin – Zur Herkunft römischer Militärziegel in Heidelberg und zur Verlegung der hier stationierten Einheiten

mandiert waren, versahen sie ihren täglichen Routinedienst im Lager. Wacheschieben, Konditionstraining und Waffendrill, aber auch die Reinigung und Instandsetzung von Waffen und Geräten sowie der ungeliebte Latrinendienst gehörten zu ihrem Alltag. In den von jeweils acht Soldaten bewohnten Baracken war die Privatsphäre der Soldaten sehr eingeschränkt. Wie alle Militärlager und Kasernen war auch das römische Lager eine typische Männergesellschaft mit all ihren Vor- und Nachteilen; Frauen hatten hier keinen Zutritt. Als nicht rechtskräftige Ehefrauen, Geliebte oder flüchtige Bekanntschaften wohnten sie im Lagerdorf außerhalb der Kastellmauern, und so ist davon auszugehen, daß die Soldaten einen Teil ihres alltäglichen Lebens, besonders in ihrer Freizeit, nicht unter ihresgleichen verbrachten.

Reibschüssel des Soldaten Caius Vilius M. aus der Zenturie des Farro Praesens

Im Contubernium wurde auch gekocht und gegessen, wobei die roh an die Soldaten ausgegebenen Lebensmittelrationen an einem eigenen Herd im Wohnraum zubereitet wurden. Die Verpflegung selbst war hervorragend. Jeder Soldat erhielt ca. 1 Kilo Weizen pro Tag, woraus Brot, Zwieback und der berühmte Puls, ein polentaartiger Getreidebrei, zubereitet wurden. Dazu gab es Käse aus Kuh- oder Ziegenmilch sowie Gemüse, etwa Bohnen, Linsen, Zwiebeln und Knoblauch. An Frischfleisch wurde hauptsächlich Rindfleisch verzehrt. Der Vorliebe für stark gewürzte, süß-saure Speisen entsprach die Versorgung mit Öl, Honig und Würzsaucen. Als Hauptgetränk diente Wein, der in verdünnter Form als »Essigwasser« getrunken wurde. Den Soldaten stand ein vielfältiges Keramikspektrum zur Verfügung. Feine Tafelgeschirre zeugen von einem hohen Lebensstandard; Reibschüsseln, Siebgefäße und Krüge belegen die typisch römischen Eß- und Trinkgewohnheiten. Amphoren und Vorratsgefäße geben Beispiele für die gut funktionierende Logistik der Armee, die es möglich machte, Wein, Öl und Fischsaucen aus Spanien und Italien bis an den Neckar zu transportieren.

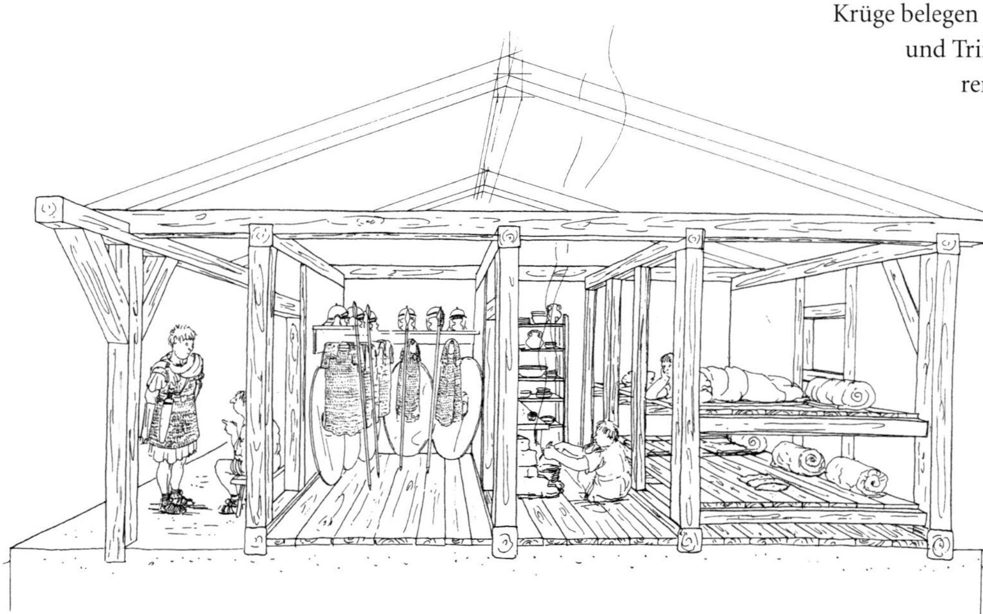

links:
Leben in einer der Mannschaftsstuben

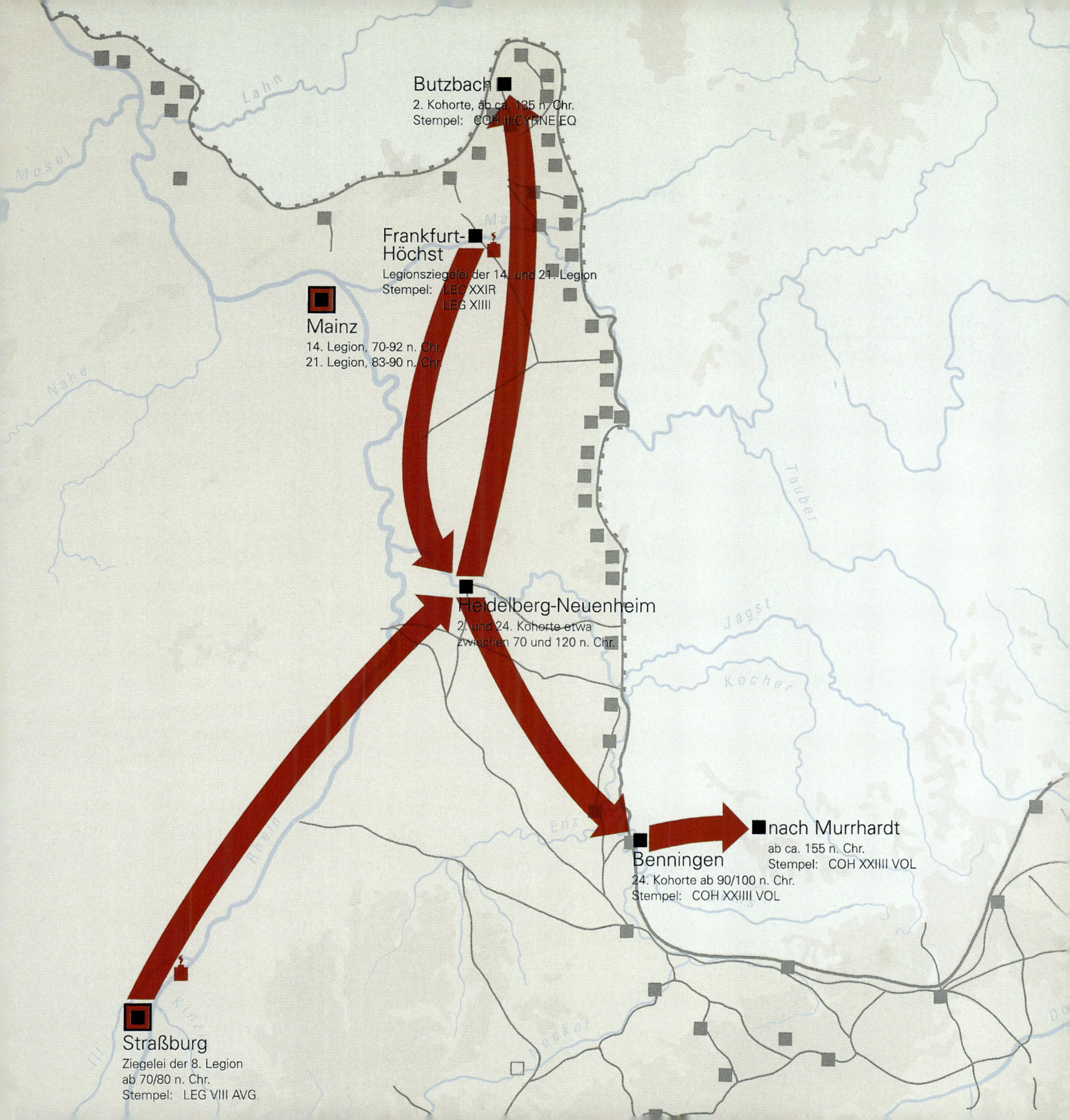

Butzbach
2. Kohorte, ab ca. 135 n. Chr.
Stempel: COH II CYRNE EQ
Frankfurt-Höchst
Legionsziegelei der 14. und 21. Legion
Stempel: LEG XXIR
LEG XIIII
Mainz
14. Legion, 70-92 n. Chr.
21. Legion, 83-90 n. Chr.
Heidelberg-Neuenheim
2. und 24. Kohorte etwa zwischen 70 und 120 n. Chr.
Benningen
24. Kohorte ab 90/100 n. Chr.
Stempel: COH XXIIII VOL
nach Murrhardt
ab ca. 155 n. Chr.
Stempel: COH XXIIII VOL
Straßburg
Ziegelei der 8. Legion
ab 70/80 n. Chr.
Stempel: LEG VIII AVG
Lahn
Mosel
Nahe
Rhein
Tauber
Jagst
Kocher
Enz
Ill

Das Leben in der Provinz

»Der Erdkreis trägt nicht mehr Waffen, sondern ein Festgewand. Die Gebirge sind erschlossen, Ströme überbrückt, Wüsten besiedelt. Stadt liegt neben Stadt. Ein freier, ungehinderter Verkehr verbindet die fernsten Länder. Unsicherheit und Gefahr sind zur Legende geworden. Die Meere sind voll von Schiffen, die Straßen voll von Menschen und Wagen. Jede neueste Errungenschaft dringt sofort in alle Winkel des Reiches«

Aelius Aristeides (117–187 n. Chr.)

Unter der Kontrolle und dem Schutz des römischen Militärapparates erlebten die Menschen eine etwa 150 Jahre andauernde Friedenszeit, in der sich Wirtschaft, öffentliches Leben und auch der Wohlstand des einzelnen entfalten konnte. Rechtssicherheit, ein einheitliches Verwaltungs- und Währungssystem sowie gut ausgebaute Verkehrswege förderten diese Entwicklung. Die Menschen wohnten in festen Häusern, zum Teil mit Fußbodenheizung, konnten Importwaren aus fernen Ländern auf den Märkten kaufen, hatten die Möglichkeit in ihrer Freizeit öffentliche Bäder sowie Theater zu besuchen und genossen weitgehend Religionsfreiheit. All dies bedingte den hohen Lebensstandard, der in der Folgezeit für viele Jahrhunderte unerreicht bleiben sollte.

Das römische Straßensystem in Südwestdeutschland

Als eine der großen Kulturleistungen der Römer gilt das römische Straßennetz mit seiner flächendeckenden Erschließung des Landes und seinem hohen baulichen Standard. Schon in der Antike war die Bewunderung dafür groß, denn auch damals wußte man um die Bedeutung guter Verkehrswege für einen regen Warenverkehr und damit für den wirtschaftlichen Aufschwung des Landes. Gleichzeitig war das Straßensystem jedoch auch Ausdruck und Instrument der Herrschaft des römischen Staates. Nur durch die guten Straßenverbindungen war es dem Kaiser möglich, Nachrichten durch Kuriere in alle Winkel des Reiches zu senden, aktuelle Informationen aus den Provinzen zu erhalten oder Truppenverbände schnell in Krisengebieten einzusetzen. Auch in Südwestdeutschland ist der Straßenbau zunächst durch militärische Gesichtspunkte bestimmt: Straßen dienten als Vormarschwege, zur Truppenversorgung und zur Sicherung des eroberten Gebietes durch den schnellen Kontakt zwischen einzelnen Kastellen.

Ein wichtiger Faktor beim Ausbau des Straßennetzes war die Verkürzung der Nordgrenze des Reiches durch die Errichtung des Limes zwischen den Flußgrenzen von Rhein und Donau. Das römische Heidelberg mit seinem Neckarübergang lag an der wichtigen Fernstraße, die das nördliche Rheinland und Britannien mit den Provinzen entlang der Donau verband. Weitere Fernstraßen führten von hier nach Süden durch das Rheintal und über die Alpen nach Italien sowie nach Westen über den Rhein in das Innere Galliens. Unter Claudius verlief entlang der Donau eine durch Kastelle gesicherte Straße bis an den Ostrand des Schwarzwaldes und von da an den Hochrhein. Im Jahre 73/74 n. Chr. baute der Statthalter Pinarius Clemens eine West-Ost-Verbindung über den Schwarzwald von Offenburg nach Rottweil durch das Kinzigtal. Erst durch die Errichtung der Kastelle am Neckar und auf der Schwäbischen Alb wurde gegen Anfang des 2. Jahrhunderts n. Chr. die kürzeste Straßenverbindung zwischen den Provinzhauptstädten Mainz und Augsburg über Heidelberg ermöglicht.

Die römischen Straßen standen jedem Benutzer unentgeltlich zur Verfügung. Sie galten als staatliche Einrichtung und lagen auch auf öffentlichem Grund und Boden. Viele Kaiser versuchten, ihr öffentliches Ansehen durch den Bau von Straßen zu mehren. Diesen Charakter der Straßen als öffentliche Bauwerke unterstreichen auch die Meilensteine, die den jeweils regierenden Kaiser mit seinem ausführlichen offiziellen Titel nennen. Pflege und Ausbau der Straßen unterstand dem Staat in der Person des Kaisers. In den Provinzen wurden diese Aufgaben auf die jeweiligen Statthalter übertragen.

Die Kosten des Straßenbaues waren immens. Allein die Renovierung eines 16 Meilen langen Teilstückes der Via Appia durch den Kaiser Hadrian im Jahre 123/124 kostete über 1,7 Millionen Sesterzen, das sind ca. 110 000 Sesterzen für eine Meile (1,48 Kilometer). Für

Linke Seite:
Luftbild der römischen Straße von Heidelberg nach Ladenburg.
Wenn es das Gelände erlaubte, verliefen die römischen Straßen kilometerweit schnurgerade durch die Landschaft.

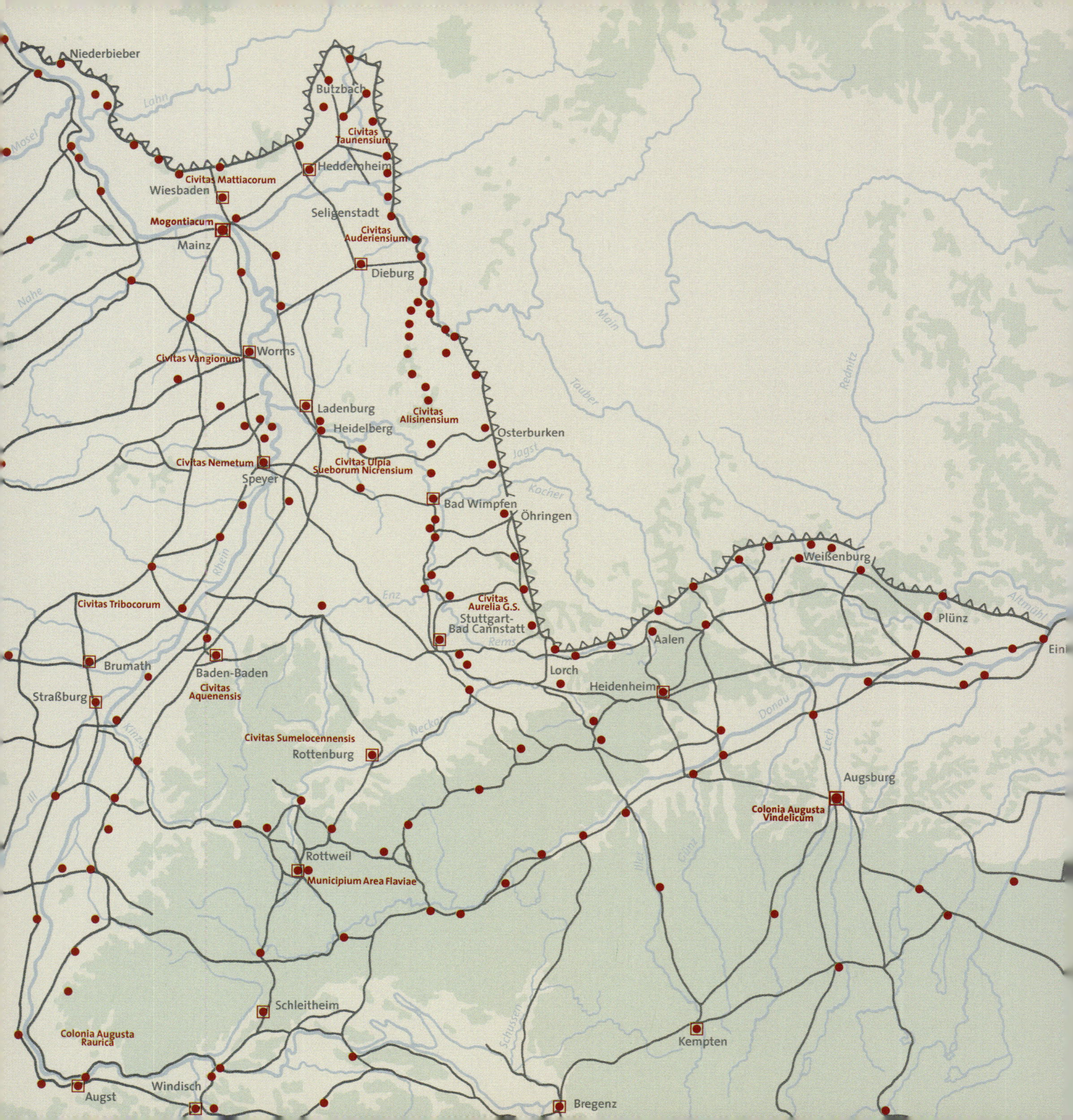
Niederbieber
Lahn
Mosel
Butzbach
Civitas Taunensium
Heddernheim
Civitas Mattiacorum
Wiesbaden
Seligenstadt
Mogontiacum
Mainz
Civitas Auderiensium
Dieburg
Nahe
Main
Tauber
Rednitz
Civitas Vangionum
Worms
Ladenburg
Heidelberg
Civitas Alisinensium
Osterburken
Jagst
Civitas Nemetum
Speyer
Civitas Ulpia Sueborum Nicrensium
Kocher
Bad Wimpfen
Öhringen
Weißenburg
Altmühl
Plünz
Rhein
Civitas Tribocorum
Enz
Civitas Aurelia G.S.
Stuttgart-Bad Cannstatt
Rems
Aalen
Ein
Lorch
Brumath
Baden-Baden
Civitas Aquenensis
Heidenheim
Donau
Straßburg
Neckar
Lech
Civitas Sumelocennensis
Rottenburg
Augsburg
Ill
Colonia Augusta Vindelicum
Iller
Günz
Rottweil
Municipium Area Flaviae
Schleitheim
Schussen
Colonia Augusta Raurica
Kempten
Augst
Windisch
Bregenz

einen Straßenneubau mit Brücken, Tunnels, Dämmen und Rasthäusern dürften die Kosten für eine Meile bei mindestens 500 000 Sesterzen gelegen haben. Zum Vergleich: Der Jahressold eines einfachen Hilfstruppensoldaten betrug 400 Sesterzen. Diese enormen Ausgaben trug der Staat nicht allein, sondern er überließ einen bestimmten Anteil den Anliegergemeinden und vor allem auch den Grundbesitzern entlang der Straße, entsprechend ihrer Einkünften. Die eigentlichen Baumaßnahmen wurden vom Statthalter und seinen Beamten koordiniert. In den Grenzprovinzen übernahm meistens das Militär mit seinen ausgebildeten Bauhandwerkern die Ausführung. Die Breite einer Via Publica betrug mindestens 40–50 römische Fuß, ca. 12–15 Meter, wobei nur der mittlere Streifen von ca. 5–7 Meter Breite als Straßendamm ausgeführt war. Die seitlichen Streifen mußten von jeglicher Bebauung freigehalten werden und dienten nicht zuletzt den Reisenden zu Fuß, Tierherden oder langsamen Fuhrwerken als Wegstrecke oder als Ausweichmöglichkeit. Der eigentliche Straßendamm war in unseren Gebieten, anders als in Italien, nicht mit einem Steinpflaster versehen, sondern bestand aus einer gewölbten mehrlagigen Stein- und Kiesschüttung.

Eine weite Reise stellte in der Antike immer ein gewisses Risiko dar. Um so wichtiger war deshalb eine vorausschauende Planung und eine gute Orientierung unterwegs. Auf den Straßen zeigten die Meilensteine jedem Vorbeikommenden die Entfernung zur nächsten Siedlung an. Besonders wichtig waren daneben die sog. Itinerare, Auflistungen der an den Straßen gelegenen Orte, Rasthäuser und Wechselstationen für Reit- und Zugtiere mit den entsprechenden Entfernungsangaben. Des weiteren standen dem Reisenden auch Straßenkarten zur Verfügung. Die einzig erhaltene ist die Tabula Peutingeriana, eine mittelalterliche Kopie einer Karte aus dem 4. Jahrhundert. Sie zeigt auf einer Länge von 6,82 Metern das gesamte römische Reich mit seinen Fernstraßen, wenn auch in stark verzerrter Darstellung.

Um einen ständigen und zügigen Informationsaustausch zwischen den staatlichen Verwaltungszentren und ihren Amtsträgern zu gewährleisten, richtete Augustus einen staatlich organisierten Kurier- und Transportdienst ein, den sog. Cursus Publicus. Sein besonderer Vorzug lag in den von den Anliegergemeinden zu unterhaltenden Rasthäusern (mansiones) und Wechselstationen (mutationes) mit ihrem jeweiligen Tier- und Wagenpark, die der in staatlichem Auftrag Reisende unentgeldlich nutzen konnte.

Auf einer solchen Mansio, die meist von einem Pächter (manceps) verwaltet wurde, standen neben Unterkunft und Verpflegung auch Tierärzte, Pferdeknechte und Maultiertreiber zur Verfügung. Die Fürsorge gegenüber den gestellten Tieren und Wagen wurde dabei streng kontrolliert. So war es verboten, die Tiere mit dem Knotenstock zu schlagen, Wagen und Tiere zu überladen oder Wechselstationen auszulassen um schneller voran zu kommen. Die mittlere Entfernung zwischen den Wechselstationen lag bei ca. 10–15 Kilometern, die der Rasthäuser bei ca. 35 Kilometern, was ungefähr einer Tagesreise entsprach. Grundsätzlich

Linke Seite:
Das römische Südwestdeutschland mit seinen Hauptverkehrsverbindungen, den Städten, den stadtartigen Siedlungen und den Verwaltungsbezirken

»…das macht als Gesamtsumme von Bordeaux bis nach Konstantinopel 2221 Meilen, 230 Wechselstationen (mutationes), 112 Rasthäuser (mansiones)«

Zitat aus dem »Itinerarium Burdigalendse« (Verzeichnis einer Pilgerreise aus dem Jahr 333 von Bordeaux über Mailand und Konstantinopel nach Jerusalem)

Wortwechsel zwischen einem Reisenden und der Wirtin bei Bezahlung seiner Rechnung für Kost und Logis, auf einem Grabstein in Aesernia/Italien:

»Wirtin laß uns abrechnen«
»Einen Sextarius [ca. 1/2 l Wein] ein As, Zukost zwei As«
»Gut in Ordnung«
»Ein Mädchen acht As«
»Auch das geht in Ordnung«
«Heu fürs Maultier zwei As«
»Dieses Maultier wird mich noch schaffen«

brauchte jeder Reisende des Cursus Publicus einen Erlaubnisschein (diploma), der an den Haltepunkten kontrolliert wurde.

Auf den römischen Straßen waren auch unzählige Privatreisende unterwegs: Kaufleute und Händler des Nah- und Fernhandels, private Fuhr- und Postunternehmen, Pilgerreisende oder reiche Einzelpersonen mit ihrem Gesinde auf dem Weg in einen Kurort. Sie alle zusammen führten wohl zu einem regen Verkehr auf den Fernstraßen, der sich vor den großen Städten, besonders an Markttagen, auch einmal zu einem Stau verdichten konnte.

Ein Großteil der Privatreisenden war dabei sicher zu Fuß unterwegs oder benutzte, wenn er es sich leisten konnte, Maultiere. Daneben gab es für den Personen- und Warentransport eine Reihe von Wagentypen: schnelle einachsige Modelle (cisium), geschlossene zweiachsige Reisewagen (carruca) oder zweiachsige offene Gefährte zum Lastentransport (reda). Als Zugtiere wurden Pferde, Maultiere oder, bei schweren Lasten, Ochsen eingesetzt. Zur typischen Reisebekleidung gehörte in unseren Breiten ein Kapuzenmantel (cuculla) aus festem Wollstoff zum Schutz vor Regen und Kälte. Auch für die Privatreisenden gab es in regelmäßigen Abständen Rasthäuser, oft verbunden mit einer Badeanlage, die bei den größeren Städten vor den Toren lagen. Der Komfort in solchen Herbergen muß aber recht unterschiedlich gewesen sein.

Das Untere Neckarland unter römischer Verwaltung

Die Verwaltung eines Weltreiches, mit im Vergleich zu heute bescheidenen Personal- und Sachmitteln, mutet auf den ersten Blick schwierig an. Dem römischen Staat gelang dies durch eine Reihe von Grundprinzipien, die seiner Herrschaft zu Grunde lagen: Das wichtigste war dabei die rasche Integration der eroberten Gebiete in das römische Staatswesen. Die Provinzen waren keine Kolonien oder Protektorate, sondern vollwertiger Bestandteil des Imperium Romanum. Ein gleiches Rechts-, Finanz- und Währungssystem von Britannien bis Syrien sorgte für Rechtssicherheit und Verläßlichkeit bei wirtschaftlichen Unternehmungen. Hand in Hand mit der Integration ging die Beteiligung der einheimischen Führungsschichten an der öffentlichen Verwaltung; den lokalen Verwaltungsorganen wurden weitgehende Entscheidungsbefugnisse übertragen. Die Erlangung des römischen Bürgerrechtes mit seinen steuerlichen und rechtlichen Privilegien nach der Übernahme eines Verwaltungsamtes führte zu einer raschen Identifizierung der Provinzbewohner mit dem römischen Staat.

Rechte Seite: **Die römische Provinzialverwaltung**

Es gab keine Diskriminierung aufgrund der Herkunft, so daß im 2. und 3. Jahrhundert selbst die Kaiser nicht mehr nur aus Italien, sondern z. B. aus Spanien, Afrika oder Syrien stammten. Weitere Grundregeln waren die Trennung und gegenseitige Kontrolle der Finanz- und Militärverwaltung sowie das regelmäßige Auswechseln der Beamten nach 2–3 Jahren.

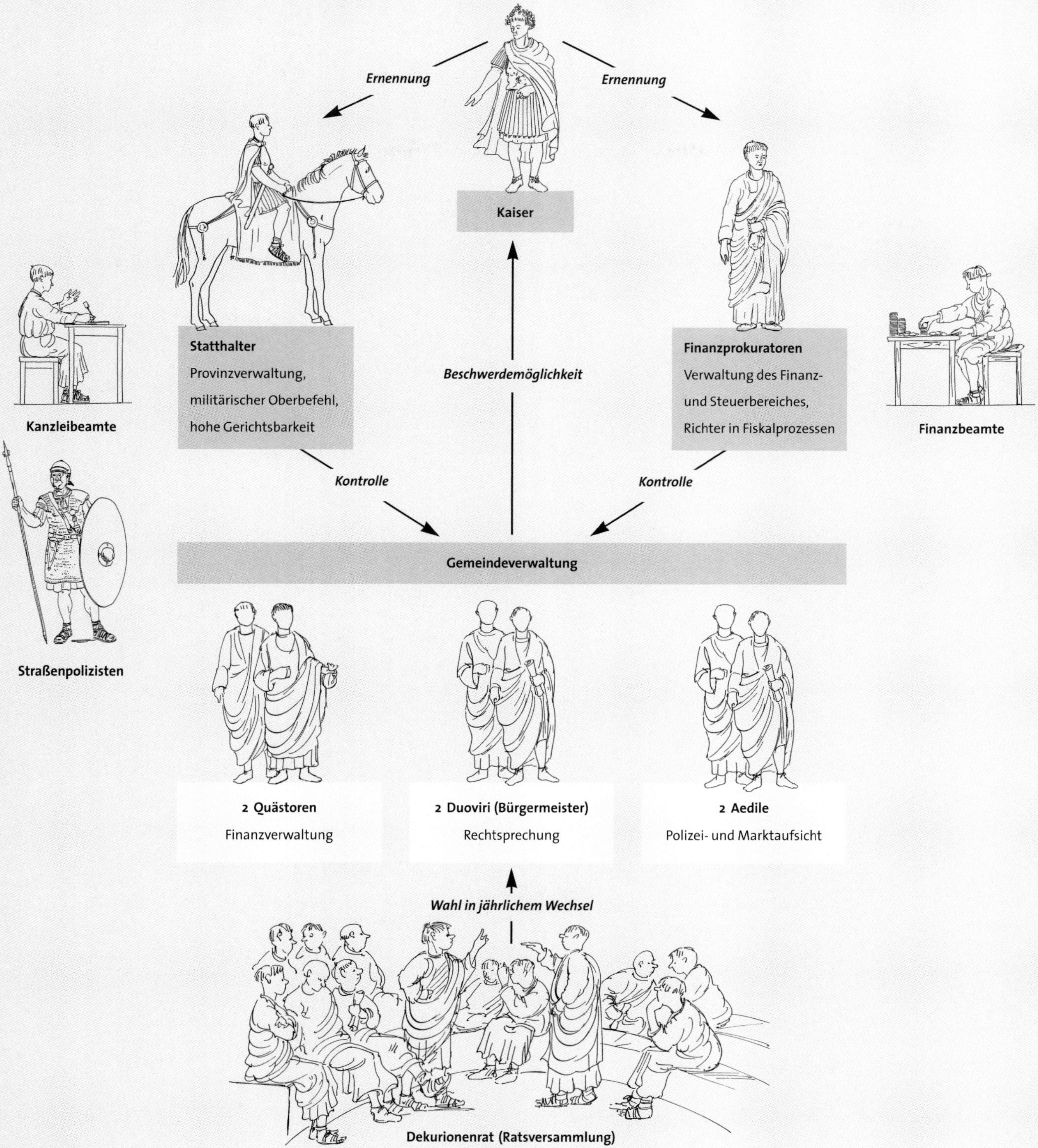

Ernennung
Ernennung
Kaiser
Kanzleibeamte
Statthalter
Provinzverwaltung,
militärischer Oberbefehl,
hohe Gerichtsbarkeit
Beschwerdemöglichkeit
Finanzprokuratoren
Verwaltung des Finanz-
und Steuerbereiches,
Richter in Fiskalprozessen
Finanzbeamte
Straßenpolizisten
Kontrolle
Kontrolle
Gemeindeverwaltung
2 Quästoren
Finanzverwaltung
2 Duoviri (Bürgermeister)
Rechtsprechung
2 Aedile
Polizei- und Marktaufsicht
Wahl in jährlichem Wechsel
Dekurionenrat (Ratsversammlung)

Das Untere Neckarland war seit den 70er Jahren des 1. Jahrhunderts Teil des römischen Reiches. Zunächst unterstand es der Militärverwaltung des obergermanischen Heeres, die durch den Kommandeur der Mainzer Legionen geleitet wurde. Erst unter Domitian um 85 n. Chr. wurde mit der Gründung der Provinz Obergermanien (Germania Superior) eine zivile Verwaltung geschaffen. Provinzhauptstadt und Sitz des Statthalters blieb Mainz (Mogontiacum). Zu den Aufgaben des Statthalters gehörte neben dem militärischen Oberbefehl vor allem die Rechtsprechung in wichtigen Straf- und Zivilprozessen sowie auch die Kontrolle der kommunalen Verwaltungen. Vor allem wegen der hohen militärischen Bedeutung kamen nur erfahrene Beamte nach Mainz, die älter als 45 Jahre waren und in Rom schon das Konsulat bekleidet hatten. Solche hohen Reichsbeamten durchliefen eine Ämterabfolge, die zivile und militärische Kommandos enthielt. Ihre Dienstorte waren über das Reich verteilt. Der Kaiser konnte so direkten Einfluß auf die Karriere jedes einzelnen Beamten nehmen.

Die Kontrolle der staatlichen Besoldungen und die Eintreibung der direkten Steuern (tributa) lag in den Händen eines Finanzprokurators. Dieser hatte seinen Sitz in Trier und war neben Obergermanien auch für die Nachbarprovinzen Niedergermanien und Belgica zuständig. Daneben gab es noch Sonderbereiche, die von selbständigen Prokuratoren verwaltet wurden. Dazu zählt die Eintreibung der indirekten Steuern, wie beispielsweise der fünfprozentigen Sklavenfreilassungssteuer und der fünfprozentigen Erbschaftssteuer.

Das römische Weltreich entwickelte sich aus einem Stadtstaat, ohne jemals seine städtischen Verwaltungsstrukturen wie den Senat oder einzelne Magistrate aufzugeben. Die Stadt Rom als Lebens- und Rechtsform wurde so zum Vorbild sämtlicher Gemeinwesen im römischen Reich. Eine städtische Verwaltungsstruktur wurde auch den einheimischen Stämmen übergestülpt. Das entsprechende Gebiet erhielt den Rechtstitel einer Civitas und wurde, ähnlich unseren Regierungsbezirken, von einem zentralen Ort aus verwaltet.

Das Untere Neckarland gehörte zur Civitas der Neckarsueben mit dem Hauptort Ladenburg. An der Spitze der Gemeinde stand der Stadtrat (ordo decurionum). Ähnlich dem Senat in Rom bestand er aus 100 Mitgliedern der reichen Oberschicht, die auf Lebenszeit gewählt wurden und über ein Mindestvermögen von 100 000 Sesterzen verfügen mußten. Aus ihrem Kreis wurden im jährlichen Wechsel die ehrenamtlich tätigen städtischen Beamten gewählt. An der Spitze die beiden Bürgermeister (duoviri iure dicundo), die für die niedere Rechtsprechung und den alle fünf Jahre durchzuführenden Census verantwortlich waren. Daneben je zwei Aedile und Quästoren, denen verschiedene Bereiche der Markt- und Straßenaufsicht, der Wasserversorgung und des Finanzwesens unterstanden. Jedem dieser Beamten stand ein Verwaltungsstab (officium) zur Verfügung, der aus Soldaten und Offizieren der Truppe bestand. Dazu gehörten ein Kanzleivorsteher, eine Gerichtsabteilung mit Sachbearbeitern und Ermittlungsbeamten, sowie Dolmetscher und Amtsschreiber.

Zu den Eigentümlichkeiten des römischen Weltreiches gehört es, daß die Römer ihre aus Italien bekannten Siedlungsformen, die Stadt und das Landgut, in kurzer Zeit auf die eroberten Gebiete übertrugen. Beide Siedlungsformen waren dabei wichtige Faktoren der Romanisierung der einheimischen Bevölkerung, die innerhalb einer Generation den vorgelebten mediterranen Lebensstil übernahm. Im täglichen Leben der Menschen definierte sich dabei eine Siedlung als Stadt weniger durch ihre Rechtsstellung, als vielmehr durch ihr Angebot an wirtschaftlichen und kulturellen Dienstleistungen. Ein Forum als Ort des Waren- und Gedankenaustausches, Tempelanlagen und Bühnentheater für Schauspiele oder Amphitheater für Gladiatorenwettkämpfe, öffentliche Bade- und Bedürfnisanstalten sowie die monumentalen Bauwerke der öffentlichen Verwaltungen, waren für den Römer unverzichtbare Bestandteile städtischen Lebens. Zu einer städtischen Siedlung gehörte aber auch eine dichtgedrängte, flächige Wohnbebauung. In den großen Städten waren die Straßen in einem rechtwinkligen System angelegt. Die Wohnhäuser lagen auf den dazwischenliegenden Flächen (insulae). Außerordentlich wichtig für ein solches Zusammenleben vieler Menschen auf engem Raum waren die sanitären Einrichtungen. Jedes Haus verfügte über fließendes Wasser und die Abwässer wurden über ein verzweigtes Kanalsystem abgeleitet.

Die Stadt

Die Provinz Obergermanien wurde von den Römern planmäßig mit Städten und stadtartigen Siedlungen aufgesiedelt. Ähnlich wie heute lassen sich dabei Ober-, Mittel- und Unterzentren unterscheiden. Als Oberzentren galten unter anderem die Provinzhauptstadt Mainz (Mogontiacum) und der Legionsstandort Straßburg (Argentorate). Zu Mittelzentren entwickelten sich die Kastelldörfer der wichtigen Hilfstruppenlager in Heddernheim, Ladenburg, Stuttgart-Bad Cannstatt und Rottweil, die zudem auch Vorort ihrer Civitas bzw. Munizipium wurden. Dieselbe Stellung erreichten die großen Kurorte in Wiesbaden und Baden-Baden mit ihren Thermalquellen. Zwischen diesen Mittelzentren lagen zahlreiche kleinere Straßensiedlungen, die die Funktion eines Unterzentrums für ihr Umland erfüllten. Dazu gehörten Stettfeld, Wiesloch, Sinsheim, Pforzheim und eben auch der Vicus von Heidelberg. Der Abstand

Markt auf dem Forum von Ladenburg vor der Front der Basilika

zwischen diesen Siedlungen beträgt jeweils ca. 30 Kilometer, was ungefähr einer Tagesreise entsprach.

Als Vorort der Civitas der Neckarsueben erfüllte Ladenburg alle Voraussetzungen, um, wenn auch nicht im rechtlichen Sinne, so doch von der Lebensqualität her als Stadt zu gelten. Die mächtige Basilika mit der Forumsanlage, ein weiterer großzügig dimensionierter Marktplatz, mindestens ein großes Badegebäude, ein Theater, mehrere Heiligtümer und nicht zuletzt die mehr aus repräsentativen Gründen errichtete Stadtmauer sind hierfür deutliche Beweise. Auf der ca. 36 Hektar großen ummauerten Stadtfläche lebten sicherlich einige Tausend Einwohner. Dienstleistungen und Gewerbe versorgten die umliegende Landbevölkerung, die wiederum auf den Märkten ihre landwirtschaftlichen Produkte anbot und für die »ein Tag in der Stadt« sicher alle Annehmlichkeiten des römischen Lebensstils bereithielt. Gerade dieser Kontrast zwischen dem ruhigen, idyllischen Landleben auf den Gutshöfen und dem lebendigen, aber auch engen und lauten Stadtleben war typisch für das Siedlungsbild der Römerzeit in unserem Raum.

Der teilweise konservierte **römische Gutshof von Hirschberg-Großsachsen**

Das Land

Das Erscheinungsbild unserer Landschaft prägten in römischer Zeit keineswegs die Städte, die stadtartigen Siedlungen oder die kleinen Dörfer. Vielmehr war das Land von einer Vielzahl kleinerer bis mittelgroßer, mitunter auch domänenartig ausgebauter Einzelhöfe übersät, die in vieler Hinsicht unseren Aussiedlerhöfen vergleichbar waren. Die Mehrheit der römischen Bevölkerung war auf diesen Gutshöfen (villae rusticae) in der Landwirtschaft tätig, dem mit Abstand wichtigsten Wirtschaftsfaktor. Den Bauern oblag die Versorgung des Heeres mit Getreide, Fleisch, Obst und Gemüse. Daneben waren aber auch die Bewohner von Städten und Dörfern, in denen Handel und Gewerbe den Haupterwerbszweig bildeten, auf die Ernteerträge aus ihrem Umland angewiesen.

Über 2000 solcher Gutsanlagen kennen wir heute allein in Baden-Württemberg, nur wenige davon sind archäologisch untersucht. Meist verdanken sie ihre Entdeckung aufmerksamen Begehungen im frisch geackerten Gelände, der Luftbildarchäologie oder charakteristischen Geländemerkmalen. Auf fruchtbaren Lößböden, ideal für Ackerbau und Weidewirtschaft, wählte man trockene Hänge, häufig in Süd- bzw. Südostlage, in unmittelbarer Nachbarschaft zum Wasser. Die zu bewirtschaftenden Nutzflächen lagen einheitlich bei 50 bis zu 100 Hektar.

Die Hofanlagen waren alle nach einem sehr einheitlichen Grundmuster gebaut. Eine steinerne Mauer umschloß ein Areal von bis zu 4 Hektar, dort standen Gesindewohnungen, Scheunen, Wirtschafts- und Werkstattgebäude. Zentrale Stellung nahm das repräsentative Wohnhaus des Besitzers ein, das häufig im Grundriß einer Portikus- oder Eckrisalit-Villa errichtet war. Dabei wurde einem Kernbau eine überdachte Säulenhalle (porticus) vorgeblendet, die zu beiden Seiten eckturmartige Bauten (risalite) abschlossen. Diese Front richtete sich möglichst nach Süden und suchte immer die schönste Aussicht. Je nach Besitzstand fiel die Ausstattung des Herrenhauses entsprechend prachtvoll aus. Aufwendige Heizungsanlagen, Wandmalereien, Bodenmosaike mit erzählenden Bildthemen, reich verzierter Gebäudeschmuck und nicht zuletzt die Glasfenster zeugen von kultiviertem Wohnkomfort. Nahezu jeder Gutshof hatte sein eigenes Bad, entweder als gesonderten Trakt innerhalb des Haupthauses oder als separates Badehaus. Von besonderem Wohlstand zeugten Kapellen oder Tempelchen; in größeren Anlagen sind Handwerksbetriebe, Töpfereien und Kalkbrennereien nachgewiesen. Zu guter Letzt besaß jeder Gutshof seinen eigenen Friedhof.

Steinkeller von Streifenhäusern
in der Ladenburger Straße während der Ausgrabung 1968

Die Vici von Neuenheim und Bergheim

Im Gegensatz zu ehemaligen Militärstandorten, die nach Abzug der Truppen nur noch geringe Bedeutung besaßen, entwickelte sich die Heidelberger Zivilsiedlung zu einer blühenden Wirtschaftsmetropole. Sie erwuchs aus jenen kleinen Ansiedlungen (vici), die sich gleichzeitig mit Anlage der Kastelle vor deren Mauern gebildet hatten. Die überaus vorteilhafte verkehrsgeographische Lage begünstigte einen frühzeitigen wirtschaftlichen Aufschwung. Dieser lockte zahlreiche Menschen an den Ort und ließ bereits zu Beginn des 2. Jahrhunderts auf beiden Seiten des Neckars großflächig Siedlungen entstehen. Als Orientierungsachsen dienten die Hauptstraßen, von denen aus das Gebiet in etwa gleich breite Parzellen aufgeteilt wurde, die im rechten oder schiefen Winkel zur Straße stehen konnten. Hier drängten sich die typischen Wohn- und Geschäftshäuser in Stein- oder Fachwerkbau.

Das Erscheinungsbild eines Vicus war recht einheitlich. Es prägten ihn langrechteckige Holz- und Steingebäude, die mehr oder weniger regelmäßig entlang der Straße aufgereiht waren. Ihr Eingang lag an der Schmalseite, die als Gebäudefront immer zur Straße ausgerichtet war. Zu dieser öffneten sie sich mit Arkaden, so daß rechts und links der Straßen überdachte Gehwege entstanden. Diese Häuser mit streifenartigem Grundriß (sog. Streifenhäuser) hatten mit einer Breite von 6–12 Metern und einer Länge bis zu 38 Metern beträchtliche Ausmaße; größere unter ihnen waren sogar unterkellert. Neben den Wohn- und Verkaufsbauten kennen wir aus der Heidelberger Siedlung auch kleine Kapellen, Privatziegeleien und zahlreiche Töpfereien, aber auch öffentliche Gebäude wie Badeanlage und mehrere Tempel.

Heidelbergs Zivilsiedlungen im Überblick

um 100/200 n. Chr.

Ein Jahrhundert Frieden und Wohlstand für Heidelberg: wird zum bedeutendsten Industriestandort der Region, schnelles Wachstum der Siedlung. Monumentale Grabdenkmäler spiegeln den Reichtum. Errichtung von Tempeln und Heiligtümern.

um 200 n. Chr.

Bau einer Steinpfeilerbrücke über den Neckar durch den Architekten Valerius Paternus.

233 n. Chr.

Erste Germaneneinfälle. Die Bevölkerung vergräbt Münzen und andere Wertgegenstände zum Schutz vor plündernden Germanen.

220 – 259 n. Chr.

Reparatur- und Erneuerungsversuche an den verfallenden Fernstraßen um das römische Heidelberg.

259/260 n. Chr.

Massive Germaneneinfälle. In den nächsten zwei Jahrzehnten Verlust der rechtsrheinischen Gebiete.
Das Ende des römischen Heidelberg und das Wachsen einer neuen Bevölkerung aus verbliebenen Romanen und neuankommenden Germanen.

Im Bereich des Heidelberger Vicus konnten nie größere Flächengrabungen stattfinden. Damit wissen wir im Vergleich zu anderen Vici der römischen Provinz Obergermanien über Ausdehnung, Art und Dichte der Bebauung in Heidelberg nur wenig. Gerade die rege Bautätigkeit der 60er und 70er Jahre im Nordteil des römischen Vicus zerstörte wertvolle archäologische Substanz. Einer der wenigen ergrabenen Ausschnitte liegt auf den heutigen Grundstücken Ladenburger Straße 80–84. Hier konnte eine Zeile von vier typischen Streifenhäusern entlang der Römerstraße aufgenommen werden.

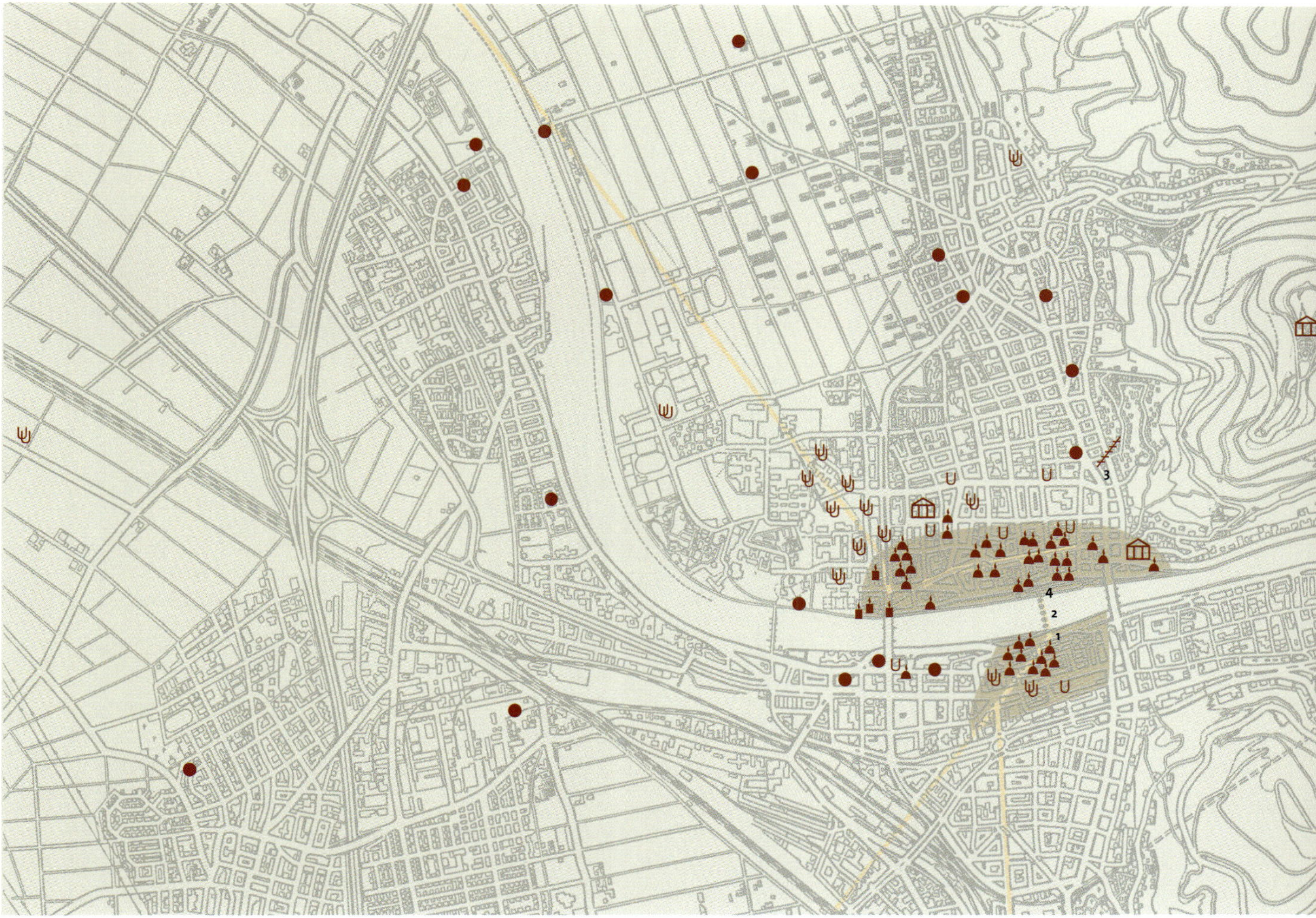

1 Beneficiarierstation
2 Steinpfeilerbrücke mit Neptunheiligtum
3 Wasserleitung
4 Hafenmauer

Heiligtum
Brandgrube
Töpferöfen
Ziegelöfen
Römische Fundstellen

Das römische Heidelberg um 200 n. Chr.

Hausbau und Bautechnik

Ziegel aus der am Neuenheimer Neckarufer gelegenen Ziegelei des Publius Attius Rufinus (Detail)

Bereits vor den Römern hatte unter Kelten und Germanen die Holzbauweise beachtlichen Standard erreicht. Im Laufe des 1. nachchristlichen Jahrhunderts entwickelte sich daraus eine Vielzahl verschiedener Konstruktionsarten, darunter Rahmenbauten mit in Nuten eingeschobenen Brettern oder Riegelwerk mit Lehmfüllungen auf Rutenwerk (sogenannte Lehmflechtwände).

Die Einführung der Steinbauweise gehörte zu einer der weitreichendsten Leistungen römischer Technik. In den nordwestlichen Provinzen gab es vor den Römern weder mörtelgebundene Steinmauern und Gewölbekonstruktionen noch verputzte und bemalte Wände, Glasfenster oder Ziegeldächer.

Auch in Heidelberg bestimmten bis ins 2. Jahrhundert Häuser aus Holz und Lehmflechtwerk das Bild. Die neue Bauweise setzte sich zuerst bei öffenlichen Gebäuden und reichen Privathäusern durch, erst nach und nach bauten die einfacheren Leute in Stein. Bauholz und stärker noch das Brennholz für die vielen Bäder und Raumheizungen konnte aus den waldreichen Gebirgen durch Abflößen auf dem Wasserweg besorgt werden. Dabei waren die Rodungsmaßnahmen so flächengreifend, daß das vorher weitgehend geschlossene Waldland nach nur kurzer Zeit von Bodenerosion und Hochwassern heimgesucht wurde. Für die Steingebäude verwendete man den Buntsandstein aus dem Neckartal oder den Kalkstein. Die nächsten Kalksteinbrüche lagen auf Rohrbacher Gemarkung, wo der dort anstehende Muschelkalk in Kalkbrennöfen gleich weiterverarbeitet wurde.

Besonders charakteristisch für die römische Steinbauweise war das Schalenmauerwerk. Der Kern bestand aus Mörtel mit einer Beimischung aus Gesteinsbrocken und Ziegelkleinschlag (opus caementitium). Die Mauerschale bestand aus kleinen sorgfältig zugeschlagenen Handquadern, die keilförmig nach innen einsprangen.

Mit dem Übergang von der Holz- zur Steinbauweise änderte sich auch die Dacheindeckung. An die Stelle von Schindeln, Stroh oder Reet traten Flachziegel (tegulae) und halbrunde Hohlziegel (imbrices). Das Gewicht der Ziegeldächer war mit 80 – 90 Kilogramm pro Quadratmeter beträchtlich. Man wählte daher eine geringere Dachneigung von ca. 20 – 25 Grad, um so die Flachziegel ohne weitere Befestigung auf das Lattengerüst auflegen zu können.

Die erste uns überlieferte Erwähnung des Neckars verdanken wir dem Römer Quintus Aurelius Symmachus. Dieser hielt am 1. Januar 370 n. Chr. in Trier (Augusta Treverorum) eine Neujahrs- und Lobrede auf den Kaiser Valentinian I. Diese Rede schwelgte im Stil der Zeit in Schmeicheleien und rhetorischen Bildern und beschreibt den Neckar, den Fluß des »wilden Herzynischen Gebirges« (Schwarzwald), als einen Strom ungezähmter Kraft, bevor der Rhein ihn aufnimmt und bändigt. Symmachus wundert sich darüber, daß man in der Literatur bislang noch keine Notiz von ihm genommen habe. Er ruft seinem Kaiser zu: »Schauen wir nach in alten Beschreibungen, erforschen wir die Geschichtsannalen! Du findest im Neckar einen von altersher fast unbekannten Fluß, obwohl ihr Römer ihn besitzt. Alte Dichter und Erzähler haben wohl den Ganges und den skythischen Borysthenes (Dnjepr) besungen, obwohl sie weit außerhalb der römischen Grenzen liegen. Doch der Neckar, der doch jenen Strömen am meisten gleicht, den haben sie mit Schweigen übergangen. Nun wird, erhabener Kaiser, durch deine Siege auch der Neckar im ganzen römischen Reich bekannt.«

Modell
der römischen Steinpfeilerbrücke
über den Neckar

Die römische Neckarbrücke von Heidelberg

Die gewiß schon in vorgeschichtlicher Zeit begangene Bergstraße entlang des Odenwaldrandes überquerte den Neckar mit einer Furt an der Stelle, wo während der Römerzeit ein bedeutender Brückenübergang errichtet wurde. Wichtige Fernstraßen liefen hier zusammen und kreuzten den Fluß: die Routen von Mainz nach den Donauprovinzen und vom Maingebiet nach dem Süden. Südlich der Brücke führten Straßen von Heidelberg nach Straßburg und nach Neckarburken an den Limes.

Seit Jahrhunderten traten bei Niedrigwasser des Neckars im Flußbett zwischen Neuenheim und dem ehemaligen Bergheim Pfahlreihen zutage. Offensichtlich stammten diese Pfahlreihen von einer Brücke, deren Stelle im Mittelalter als »Walwart«, d. h. Wälschenfurt, bezeichnet wurde. Bei besonders niedrigem Wasserstand konnte im Jahre 1877 der Flußgrund untersucht und Reste von fünf hölzernen Pfeilerfundamenten vom Nordufer her eingemessen werden. Diese hatte man zuvor von Geröll- und Schlammmassen zu befreien, was dadurch erleichtert wurde, daß damals der Neckar nur 0,90 Meter tief war. Aus größerer Tiefe wurden eiserne Pfahlschuhe, die fest mit Geröllen zusammengerostet waren, geborgen. Die Eisenspitzen umschlossen einst die Pfahlenden, um diese leichter in den Grund des Flusses rammen zu können. Man bestimmte zwar die Pfahlgruppen richtig als Reste von Pfeilerrosten, deutete jedoch den Gesamtbefund irrig als Beleg einer 5-Pfeiler-Pfahljochbrücke.

Bergung von 43 Holzbalken der Brücke im Jahr 1972

Der bereits 1876 oberhalb des später entdeckten Mittelpfeilers gefundene Neptun-Altar des Arcitectus Valerius Paternus hatte den eigentlichen Anlaß zur Untersuchung der Brücke gegeben. Da aber die richtige Deutung der Ausgräber, diesen Inschriftstein mit der Brücke

in direkte Verbindung zu bringen und den genannten Stifter als Erbauer zu betrachten, auf wissenschaftlichen Widerstand stieß, ließ das allgemeine Interesse an der weiteren Erforschung der Brücke nach. Im Jahre 1894 schnitt man auf dem Neuenheimer Ufer unter der Uferstraße das nördliche Brückenwiderlager an, von dem noch 9 Meter breit Mauerwerk erhalten war. Mit der Brücke ist auch eine flußabwärts auf größere Länge beobachtete Kaimauer in Verbindung zu bringen, die auf einen Hafen hinweist.

Als 1972 das Flußbett in Höhe der Stadt wegen des Einsatzes größerer Schiffe zwischen Mannheim und Heilbronn auf 3 Meter Tiefe abgesenkt werden mußte, ergab sich die Möglichkeit, Reste der Römerbrücke zu untersuchen. Zunächst wurden vom mittleren Flußpfeiler zahlreiche Eichenpfähle gehoben. Diese reichten mit ihren eisenbewehrten Spitzen bis in eine Tiefe von 9 Metern unter die Flußsohle. Der fachwerkartig zusammengefügte Eichenpfahlrost war kastenförmig mit Quereinteilungen gebildet und innen mit blauem Letten und Steinen gefüllt. Insgesamt gelang es, 43 Eichenpfähle verschiedener Pfeilergründungen zu bergen, die sich zusammen mit immer wieder gefundenen Buntsandsteinquadern zu einer auf sieben Stützen ruhenden Steinpfeilerbrücke auf Holzpfosten ergänzen ließen.

Die steinernen Widerlager unter der Schurmanstraße auf dem Südufer und unter der Uferstraße auf dem Nordufer beweisen, daß die römische Brücke eine Länge von 260 Metern aufwies. Wegen der zur Brücke führenden römischen Fernstraße von 9 Meter Breite wird das gleiche Maß für die Brückenfahrbahn angenommen. Diese wird wegen der südlichen Uferhöhe in 10 Meter Höhe über dem mittleren Wasserstand gelegen haben. Seitliche Brüstungen sind ähnlich antiken Darstellungen vorauszusetzen.

Die Eichenpfahlroste von langrechteckigem Grundriß mit dem Vorhaupt, einer gegen die Wasserströmung gerichteten Spitze von 6 Meter Länge und 6,90 Meter größter Breite, wiesen insgesamt 18,90 Meter Länge und 9,00 Meter Breite auf. Darauf ruhten rekonstruierbare Steinpfeiler mit ähnlich proportioniertem Grundriß von 15,80 Meter Länge und 7,20 Meter Breite. Da wegen der großen Pfeilerabstände die Annahme einer gewölbten Steinkonstruktion ausscheidet, müssen hölzerne Sprengwerke von beachtlicher Weite den Oberbau ge-

Rechte Seite unten:
Weihung des Valerius Paternus an Neptun aus dem Brückenheiligtum

tragen haben. Während die sorgfältig aus etwa 300-jährigen Eichen gearbeiteten Balken des Pfahlrostes eine Stärke von 0,20–0,45 Meter bei einem durchschnittlichen Maß von 0,30 Meter aufwiesen, sind für die Sprengwerke des Oberbaus aus statischen Gründen Holzstärken von 0,45 Meter zu rekonstruieren. Von Pfeilermitte zu Pfeilermitte bzw. zu den Widerlagern gemessen, betrugen die Abstände mit Ausnahme der 18,50 Meter von Pfeiler 7 zum südlichen Widerlager durchweg 34,50 Meter. Ein beachtliches Maß, verglichen mit den unregelmäßigen, zumeist geringeren Pfeilerabständen der römischen Brücken von Mainz und Köln.

Rekonstruktionszeichnung der römischen Neckarbrücke von Heidelberg

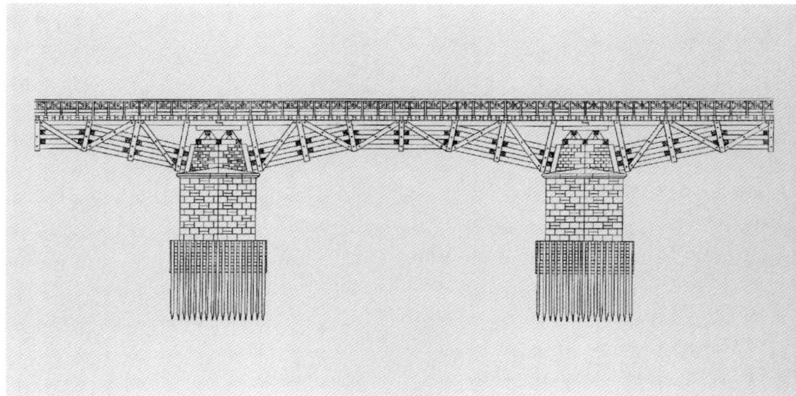

Auf dem mittleren Pfeiler ist eine Kapelle aufgrund der Inschrift auf dem Neptun-Altar als gesichert anzunehmen. Als Standort für dieses Neptun-Heiligtum kommt die Pfeilerspitze in Betracht. Um sein Standbild auch den vorüberfahrenden Schiffern zu zeigen, war es wohl auch zum Neckar hin geöffnet.

Der Neckarübergang steht in enger Beziehung mit dem spätestens unter Vespasian angelegten Neuenheimer Ostkastell, dessen Haupttor sich zum Fluß hin öffnete. Offensichtlich lag seine Bedeutung darin, diesen Übergang im Zuge des alten Gebirgsrandweges zu kontrollieren. Auch die unter Vespasian begonnene Fernstraße von Mainz über Heidelberg nach den Donauprovinzen setzte an dieser Stelle eine feste Holzbrücke voraus. So ist es sehr wahrscheinlich, daß der nach dendrochronologischem Befund etwa 200 n. Chr. errichteten Steinpfeilerbrücke bereits ältere Holzkonstruktionen vorausgingen.

Die Bedeutung der Steinpfeilerbrücke ergibt sich zunächst aus ihrer Konstruktion. Allein schon ihre großen und regelmäßigen Spannweiten verraten einen kühnen Ingenieurbau. Daß sein Erbauer, der Architekt Valerius Paternus, genannt wird, ist für die Antike ein seltenes Ereignis. Auch für die Errichtung eines dem Neptun geweihten Heiligtums auf der Brückenmitte gibt es nur wenige Vergleiche. Schließlich bezeugt eine Beneficiarierstation der 8. Legion am südlichen Brückenkopf, wie wichtig der Schutz dieser Brücke für das Straßenwesen in der Provinz Obergermanien war.

Römische Flußschiffe

Seit Augustus gab es eine römische Rheinflotte (Classis Germanica) mit Hauptstützpunkt in Köln. Da sie aber bis ins 3. Jahrhundert n. Chr. keine Kampfaufgaben mehr hatte, diente sie auch zivilen Zwecken.

Als Kriegsschiff wurde der mediterrane Typ der Liburna übernommen und für die Verwendung auf dem Rhein und seinen Nebenflüssen abgeändert. Der Rammsporn dieser wendigen Zweiruderer (biremes) verkümmerte anscheinend völlig und die schlanke Rumpfform degenerierte.

Die Mannschaft bestand aus zwei Reihen Ruderern, die durch leicht auskragende Kästen mit Galerien geschützt wurden.

Kommandant war der Trierarchus, dem Gubernator und Steuermann zur Seite standen. Im Bugbereich wirkte der Proreta als Offizier, während die Ruderer vom Celeusta geleitet wurden. Der Platz für die Soldaten war die Schiffsmitte zwischen den Ruderern.

Neben den römischen Hochseeschiffen gab es zur Frachtbeförderung größere Fluß- und Küstenschiffe. Wegen ihres Tiefganges konnten solche Segelschiffe nur auf großen Flüssen mit geringer Strömung flußaufwärts segeln oder mußten getreidelt werden. Der Schiffsrumpf setzte sich aus Kiel und Spanten zusammen, auf denen parkettartig verbundene Planken saßen. Beim Aufbau kaiserzeitlicher Schiffe wurden nördlich der Alpen nicht selten einheimische Techniken mit mediterranen vermischt. Dieser Schiffstyp war mit einem rechteckigen Rahsegel ausgestattet. Für die Heckzier des hochgeschwungenen Achterstevens verwendete man häufig Tierköpfe. Der Frachter besaß als Besonderheit zwei Ruder, die achtern von einem besonderen Aufbau aus von den Rudergängern gesteuert wurden. Das darin untergebrachte Deckshaus diente dem Magister navis, dem Kapitän und dem Gubernator, dem Obersteuermann, als Unterkunft. Die Besatzung schlief meist auf den Decksplanken, notfalls im Laderaum.

Aus der keltischen Tradition gingen flache Prähme von rechteckigem Grundriß mit leicht trapezförmig verengten Enden ohne Kiel und Steven hervor. Bug und Heck waren als mäßig ansteigende, kantig abschließende Rampen gebildet, so daß diese Rampenkähne auch an flachen Ufern landen konnten. Wie Funde belegen, gab es den Schiffstyp besonders häufig nördlich der Alpen. Er wird nach dem niederländischen Fundort Zwammerdam nahe der Rheinmündung benannt. Dort wurden solche platten Rampenkähne von beachtlichen Längen bis 34 Metern entdeckt. Der Schiffsmast war im Vorderteil befestigt, um das Treideln vom Ufer her zu ermöglichen. Bei Wind konnte das praktische dreieckige Lateinersegel eingesetzt werden. Zum Transport von Baumaterial und von Handelsgut, vielleicht aber auch als Fähren waren solche Schiffe vielseitig nutzbar. Typisch für die einheimische Bauart dieser Lastenkähne ist die Führung des Steuerruders über Heck.

Modell eines römischen Lastenkahns vom Typ Zwammerdam

Das römische Weltreich war nicht nur eine politische Einheit, sondern gleichzeitig auch ein einheitlicher, gigantischer Wirtschaftsraum, der von Syrien bis Spanien und von Nordafrika bis Britannien reichte. Rohstoffe, wie Bodenschätze oder Getreide, verarbeitete Lebensmittel, wie Öl, Wein oder Fischsauce, und auch feines Tafelgeschirr, wie Terra Sigillata, Bronze- und Glasgefäße, wurden über tausende von Kilometern transportiert. Die gemeinsame Währung sowie die sicheren und gut ausgebauten Verkehrswege förderten dabei den Handel ganz erheblich. Für den Warenverkehr wurde das Schiff als Transportmittel soweit als möglich bevorzugt. Mit ihm konnten, auch auf sehr kleinen Flüssen, große Warenmengen kostengünstig und ohne die zwangsläufigen Erschütterungen der Landstraße befördert werden.

Ein Weltreich des Handels

Auch das römische Heidelberg war über Rhein und Neckar sowie die Rheintalstraße an den Fernhandel angeschlossen. Die archäologischen Funde belegen den Import von Fischsaucen und Öl aus Südspanien, Wein aus der Provence, Öllampen aus Italien sowie feinem Tafelgeschirr und Lampen aus Gallien.

Wichtigstes Transportgefäß war die Amphore; sie gilt als das Synonym für den antiken Welthandel. Noch vor den römischen Soldaten gelangte in ihnen italienischer Wein in die keltischen Oppida nach Süddeutschland; das römische Militär importierte in ihnen andalusisches Olivenöl und Fischsaucen für die Soldatenküchen am Limes, und in den Tavernen der Siedlungen standen südgallische Amphoren mit provencalischem Wein. Die meisten Amphoren laufen unten in einer Spitze aus, so daß sie von einer Hängevorrichtung aufgenommen werden mußten oder in den Boden eingegraben wurden. Die Herstellung erfolgte in Töpfereien, die in der Nähe der Landgüter lagen, deren Erzeugnisse nach der Ernte in diesen Gefäßen aufbewahrt wurden. Während des Transportes wurde die Halsöffnung mit einer scheibenförmigen Tonplatte verschlossen.

Die auf den Henkeln der spanischen Ölamphoren vor dem Brand eingedrückten Stempel nennen den Besitzer bzw. den Produzenten des Olivenöls, deren Betriebe in Andalusien teilweise schon ausgegraben wurden. Durch Vergleiche der hier und dort gefundenen Stempel, lassen sich die Produktionsstätten der nach Heidelberg verhandelten Amphoren lokalisieren. Sie alle stammen aus dem Tal des Guadalquivir in Südspanien, aus den heutigen Ortschaften Sevilla, Italica, Alcolea del Rio, Munigua, Lora del Rio, Palma del Rio, Segovia und Cordoba.

Die Öllampe, eine Erfindung aus Syrien und Palästina, wurde vom 9. Jahrhundert v. Chr. an von den seefahrenden Phöniziern im ganzen Mittelmeerraum verbreitet. Ihr Vorkommen war dabei immer abhängig von der Verfügbarkeit des Brennstoffes, des Olivenöls. Demzufolge war sie lange ein typisches Beleuchtungsgerät des Mittelmeerraumes und gelangte erst

Frankfurt-Nied
Mainz
Trier
Heidelberg
Blickweiler
Rheinzabern
Chemery
Heiligenberg
Bern
Lausanne
Tal der Allier
Lezoux
Lyon
Banassac
La Graufesenque
Modena
Pisa
Marseille
Arezzo
Wein
Rom
Fischsauce
Olivenöl
Cordoba
Sevilla
Malaga

mit den römischen Soldaten auch nach Gallien und an den Rhein. Wurden die im Rheinland gefundenen Lampen des frühen 1. Jahrhunderts n. Chr. noch im Norden Italiens produziert, so entstanden später in Gallien und im Rheinland Töpfereibetriebe, die den hiesigen Markt belieferten. Große Produktionszentren lagen am Genfer See in Lausanne, in Zentralgallien an der Allier sowie auch in Trier und in Mainz. Kennzeichnend für die Produktion der Lampen ist dabei der Umstand, daß gängige und beliebte Typen abgeformt und in größeren Stückzahlen kopiert wurden. Dabei wurden nicht nur die Bildmotive reproduziert, sondern ebenso auch der Firmastempel auf den Unterseiten. Ein Urheberrecht für Namen und Produkte war in der Antike unbekannt.

Öllampen aus Norditalien, den Rheinlanden und aus einer Töpferei in Frankfurt-Nied, gefunden in Neuenheim und Bergheim

Dieses Kopistenwesen läßt sich besonders bei den zahlreichen rheinischen Firmalampen anhand der verwaschenen Bildmotive und den schlecht lesbaren Stempeln nachweisen. Sehr grobe Abformungen sowie einfache rauhwandige Lampen bezeugen daneben, daß auch in Heidelberg und Umgebung mit der lokalen Herstellung einfacher Lampen zu rechnen ist.

Als ein Beleuchtungsgerät blieb die Öllampe in unserem Raum eine südländische Eigenheit. Ihre Benutzung war auf einen relativ kleinen Personenkreis, besonders die aus dem Süden stammenden Legionssoldaten, beschränkt. Die einheimische Bevölkerung bevorzugte dagegen weiterhin die ihr geläufigen Talglampen und Kienspäne. Ganz im Gegensatz dazu steht die Benutzung der Öllampe im Grabbrauch. Als Lichtträger von glücklicher Bedeu-

Linke Seite:
Römische Importwaren in Heidelberg – ihre Produktionsstätten und Handelswege

tung hatte sie ihren festen Platz im Grabritus auch der einheimischen Bevölkerung. Dementsprechend stammen auch in Heidelberg beinahe alle Lampen aus dem großen Gräberfeld entlang der Berliner Straße in Neuenheim. In den Siedlungsschichten des Vicus sind sie dagegen ausgesprochen selten.

Terra Sigillata

Tafelgeschirr und Handelsware

Kaum eine andere römische Keramik steht so sehr als Synonym für die römische Kultur in Westeuropa, wie die sehr hart gebrannte und mit einem Glanztonüberzug versehene Terra Sigillata. Als gängiges Tafelgeschirr war sie in jedem Haushalt vorhanden und so findet sie sich auch heute in jeder römischen Siedlung in großen Stückzahlen. Vom Gefäßspektrum her lassen sich glattwandige Teller, Becher, Näpfe und Schüsseln sowie reliefverzierte Schüsseln und Becher unterscheiden.

Auch in Heidelberg wurden bei Ausgrabungen tausende Fragmente dieser Keramik geborgen, wobei eine große Anzahl aus dem Neuenheimer Gräberfeld stammt. Als Beigaben für den Verstorbenen wurden sie meist auf dem Scheiterhaufen mit verbrannt, wodurch sie teilweise schwarz verfärbten und ihre ehemalige leuchtend rote Oberfläche verloren.

Die Terra Sigillata war ein Massenprodukt, das in großen Töpfereizentren produziert und über weite Strecken verhandelt wurde. Die Standorte der Töpfereien verlagerten sich im Laufe der Zeit in einer Art Verdrängungswettbewerb von Italien bis nach Ostgallien und an den Rhein. Der Hauptgrund dafür war die Verkürzung der Transportwege hin zu dem wichtigsten Abnehmer, der römischen Armee entlang der Nordgrenze des Reiches. Bereits Ende des 1. Jahrhunderts v. Chr. gelangten aus Italien (Arezzo und Pisa) die ersten Sigillaten an den Rhein. Im 1. Jahrhundert n. Chr. erreichten die südgallischen Manufakturen in La Graufesenque eine Art Monopolstellung, bis sie zu Beginn des 2. Jahrhunderts von den Töpfereien in Mittelgallien (Lezoux) und kurze Zeit später in Ostgallien (Chèmery, Blickweiler, Heiligenberg) vom Markt verdrängt wurden. Um die Mitte des 2. Jahrhunderts begann die Sigillata-Produktion in Rheinzabern, dessen Töpfereien bis zu den Germaneneinfällen um die Mitte des 3. Jahrhunderts den Markt in Süddeutschland beherrschten.

Die Herstellung der Reliefsigillata

Zunächst wurde eine

Formschüssel hergestellt, in deren Innenseite der Töpfer vor dem Brand mit verschiedenen

Bildstempeln das Reliefmuster, bestehend aus Ornamenten

oder aus Figuren, eindrückte. Manchmal signierte dieser Relieftöpfer seine Formschüssel handschriftlich oder mit einem Namensstempel.

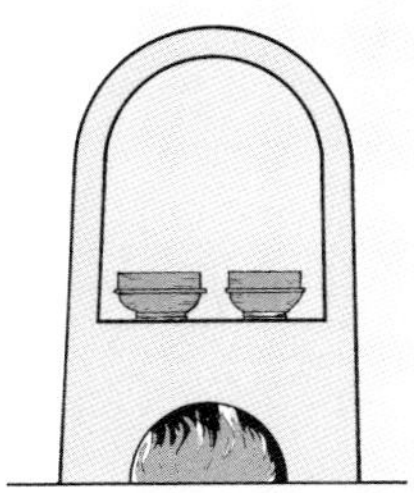

Die nun fertige Formschüssel wurde gebrannt und anschließend auf der Töpferscheibe fixiert.

In der sich drehenden Form konnte nun der Bauch der künftigen Schüssel hergestellt werden, auf der das Muster als erhabenes Relief erscheint.

Da der Ton bei der Trocknung schwindet, ließ sich die Schüssel nach kurzer Zeit aus der Formschüssel herausnehmen. Auf der Töpferscheibe wurde daraufhin noch der Standring und der Rand angesetzt.

Zuletzt tauchte man die fertige Schüssel, am Standring gehalten, in einen sehr feinen Tonschlamm ein, der nach dem Brand als rotglänzender Überzug erscheint. Der Brand selbst erfolgte mit vielen anderen Gefäßen unter ständiger Sauerstoffzufuhr (oxydierender Brand), wodurch die Terra Sigillata ihre rote Farbe erhält.

Terra Sigillata Schüssel
aus der Fabrikation des Passenus aus La Graufesenque in Südfrankreich, gefunden im Nordvicus

»Alle Handwerker betreiben einen schmutzigen Beruf, denn in einer Werkstatt ist kein Raum für erhabene Gedanken. Am meisten sind jene Berufe zu verachten, die nur sinnlichen Genüssen dienen: Fisch- und Geflügelhändler, Fleischer und Köche, die Verkäufer von Kosmetika, Tänzer und Schausteller. Ehrenhafte Berufe sind jene, die besondere Fähigkeiten erfordern und gemeinnützig sind wie Medizin, Architektur und Unterricht in wissenden Dingen.«

Cicero (106 – 43 v. Chr.)

Das Handwerk

Die gewaltigen Leistungen römischer Technologie verlangten hochspezialisierte Handwerker mit streng aufeinander abgestimmten Arbeitsabläufen. Im Sozial- und Rechtsgefüge stand der Handwerker allerdings weit unten, denn körperliche Arbeit genoß nur geringes soziales Ansehen. So waren die meisten freigelassene Sklaven (liberti), die in Klein- und Familienbetrieben tätig waren. Viele von ihnen schlossen sich zu Korporationen und Zünften (collega) zusammen. In den Versammlungslokalen (scholae) der einzelnen Zünfte traf man sich vornehmlich zu Geselligkeiten und zu religiösen Veranstaltungen.

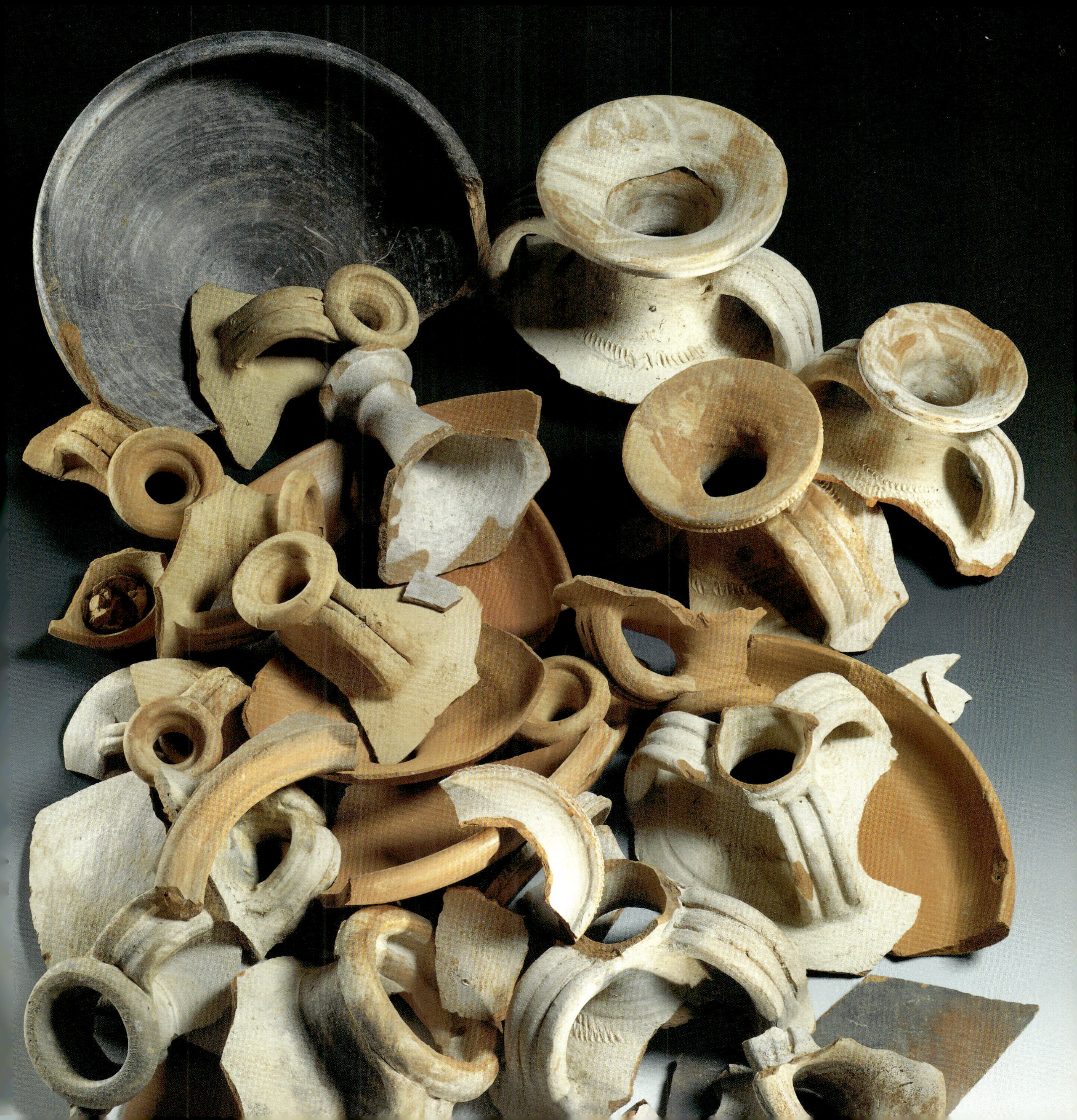

Vorige Seite:
Keramikauswahl aus einem mit mehreren Tausend fabrikneuen Gefäßen verfüllten Brunnen in Bergheim. Die Gefäße stammen wohl aus einem zerstörten Warenlager.

Werkzeug und Gerät eines Nagelschmiedes aus Heidelberg-Neuenheim

Zahlreiche dieser Handwerker haben deutliche Spuren im Boden hinterlassen. In erster Linie finden wir ihre Produkte, aber auch typische Eisenwerkzeuge und Gerätschaften haben sich erhalten. In Heidelberg sind das etwa Gegenstände, mit denen Schmied, Schreiner, Gerber, Maler, Maurer, Zimmermann und auch Fleischer arbeiteten.

Seit dem Ende des 1. Jahrhunderts n.Chr. entwickelte sich die Zivilsiedlung in Neuenheim und Bergheim zu einem bedeutenden Töpferzentrum, in dem bis in das 3. Jahrhundert n. Chr. Keramik produziert wurde. Die reichhaltigen Tonvorkommen im Gebiet des heutigen Ziegelhausen begünstigten diese Entwicklung. Die zum Brennen benötigten Holzvorräte konnten aus dem waldreichen Odenwald durch Abflößen auf dem Neckar herangeschafft werden. Die günstige verkehrsgeographische Lage Heidelbergs am Neckar sowie an den römischen Fernstraßen erleichterten den Vertrieb der Töpferware, die von hier in die Siedlungen am nördlichen Oberrhein sowie nach Osten bis zu den Kastellen am Limes gehandelt wurde.

Bis heute wurden 60 Töpferöfen nachgewiesen, die sich besonders am Westrand von Neuenheim im Bereich der Berliner Straße, auf dem Gelände des ehemaligen Ostkastells im Bereich Ladenburger- und Werderstraße sowie in Bergheim auf dem Gelände der Universitätskliniken konzentrieren. Neben einfacher Gebrauchskeramik wurde hier auch hochwertiges Tafelgeschirr mit roten und schwarzen Glanztonüberzügen hergestellt. Ausschußware und Fehlbrände, die nicht für den Verkauf geeignet waren, wurden meist auf dem Töpfereigelände in Abfallgruben entsorgt.

Über keinen anderen Handwerkszweig sind wir so gut informiert wie über das Bauwesen. Marcus Vitruvius Pollio, der römische Architekt und Ingenieur unter Kaiser Augustus beschrieb in seinen zehn Büchern über Architektur (de architectura libri decem) Baumaterialien, -werkzeuge, -maschinen und Arbeitsabläufe. Außerdem formulierte er Gestaltungs- und Konstruktionsgrundsätze von Palästen bis hin zu einfachen Gutshöfen, von öffentlichen Gebäuden, Mehrfamilienhäusern und Befestigungsanlagen, sogar von ganzen Stadtanlagen. Über Jahrtausende bis heute sind Architekten von seinen Arbeiten beeinflußt. Die Baufreudigkeit der Römer entwickelte immer neue Techniken und verhalf den Bauhandwerkern zu einer angesehenen und gehobenen Stellung innerhalb der Handwerkerzünfte. Neben den vielen namenlosen Handwerkern in Heidelberg steht der Architekt Valerius Paternus, der die Bauaufsicht über den Ausbau der Heidelberger Neckarbrücke hatte.

Mit dem Wandel vom Holz- zum Steinbau wurden völlig neue Berufszweige notwendig; dazu zählte in erster Linie der Maurer. Bereits im Steinbruch wurden die mit Keilen gespaltenen Steinblöcke mit Spitzeisen, Hammer und Meißel in Rohform gebracht. Auf der Baustelle bearbeitete man sie dann zu handlichen Quadern oder zu Säulen und Gebäudeverzierungen. Die Maurer der Römerzeit arbeiteten ähnlich wie ihre heutigen Kollegen mit

Setzwaage, Lot, Winkel, Kelle und Mörtelbottich. Ihr wichtigstes Werkzeug war die Kelle, mit der sie Mörtel auftrugen, verstrichen und verfugten. Baugerüste, Flaschenzüge und Hebekrane erleichterten die schwere Arbeit. Nicht nur bei der Errichtung von Fachwerkhäusern kamen die Zimmerleute zum Einsatz. Steinbauten setzten sie zumindest den Dachstuhl auf, zogen Deckenbalken ein und bauten die straßenseitigen Lauben der Streifenhäuser.

Auf einer römischen Baustelle

Bemalte Wanddekorationen waren in römischer Zeit eine weit verbreitete Raumzier, vergleichbar unseren heutigen Mustertapeten. Dafür beschäftigte man Handwerker, die die Wände weißelten, und hochspezialisierte Maler, die die Wände dann nach Geschmack und finanzieller Möglichkeit des Kunden mit einfachen Rahmenmustern oder motivreichen floralen und figürlichen Bildern dekorierten. Unter den Malern gab es berühmte und begehrte Künstler, die nach Musterbüchern die schönsten Ranken, Blumen und Szenerien auf die Wände zauberten. Sie verwendeten dazu ausschließlich Mineralfarben, die mit tierischem Leim gebunden wurden. Die Grundfarben waren Rot (Hämatit), Schwarz (Kohlenstoff), Weiß (Calcit), Grün (Malachit oder Glaukonit), Blau (Lapislazuli

Freskenrest
aus einem Haus in Neuenheim; dargestellt ist ein geflügelter Erote. Das Töpfchen, in dem sich Reste einer roten Farbe erhalten haben, gehörte wohl einem Maler.

oder Ägyptisch Blau) und Braun bzw. Gelb (Goethit). Auch die unterschiedlichen Möglichkeiten der Auftragstechniken auf trockenen (al secco) oder auf nassen (al fresco) Untergrund nutzte der antike Künstler.

Der Alltag

Angesichts so vieler technischer Errungenschaften und der reichhaltigen, allen kulinarischen Ansprüchen gewachsenen Speisekarte erscheint die Einrichtung römischer Küchen erstaunlich einfach. Das Herzstück bildete der Herd, dort brannte das Holzkohlefeuer in einem gemauerten Sockel. Direkt über dem offenen Feuer standen Eisenroste und Dreifüße, darauf Kochtöpfe und Tiegel. Langsamer und gleichmäßiger erfolgte der Garvorgang mit Henkeltöpfen, die an einem Eisenhaken vom Kamin herunterhingen. In Heidelberg hatten die meisten Küchen allerdings nur kleine Kochnischen mit ebenerdigen Herdstellen aus Tonplatten, wie sie etwa auch in den Unterkünften der Soldaten üblich waren.

Unter den vielen und verschiedenen Ton- und Metallgefäßen war die Reibschüssel (mortarium) mit ihrer aufgerauhten Innenfläche das charakteristischste Küchengerät. Darin zerrieb man Körner und Gewürze und bereitete die für die römische Küche so typischen Soßen. Die überaus beliebten Auflaufgerichte wurden in flachen Tontellern gebacken. Durch die

Rezeptesammlung des Feinschmeckers Apicius, der zu Zeiten des Kaisers Tiberius lebte, ist uns die Vielfalt damaliger Speisekarten bekannt. Fast alle Gerichte wurden in der Geschmacksrichtung süß-sauer stark gewürzt. Unerläßliches Würzmittel war das Garum oder Liquamen, eine Soße, die man aus stark gesalzenem, in der Sonne verfaulten Fisch gewann. Diese Fischsoße ersetzte das Salz, mit dem man in erster Linie konservierte und einmachte. Wichtige Zutaten waren auch Honig und Wein sowie der aus Indien eingeführte Pfeffer. Dagegen fehlten Nahrungsmittel, die aus unserem heutigen Speiseplan nicht mehr wegzudenken sind, wie etwa Kartoffeln, Tomaten, Mais, Paprika, aber auch Kaffee und schwarzer Tee.

Im Speisezimmer, dem Mittelpunkt des römischen Wohnhauses, stand ein dreiteiliges Liegebett (triclinium) hufeisenförmig um einen kleinen Tisch. Auf weichen Decken und Kissen lagen die Römer zu Tisch, stützten sich auf den linken Arm und aßen mit den Fingern der rechten Hand. Dies galt allerdings nur für die Männer, die sittsame Frau saß auf einem Stuhl neben den Klinen.

Frühstück und Mittagessen waren unwichtig, stattdessen gab es am späten Nachmittag die Hauptmahlzeit (cena). Ein Menü begann mit einer Vorspeise (gustatio), bei der Appetitanregendes wie Schnecken, gesalzene Fischlein, Gemüse und gekochte Eier raffiniert ange-

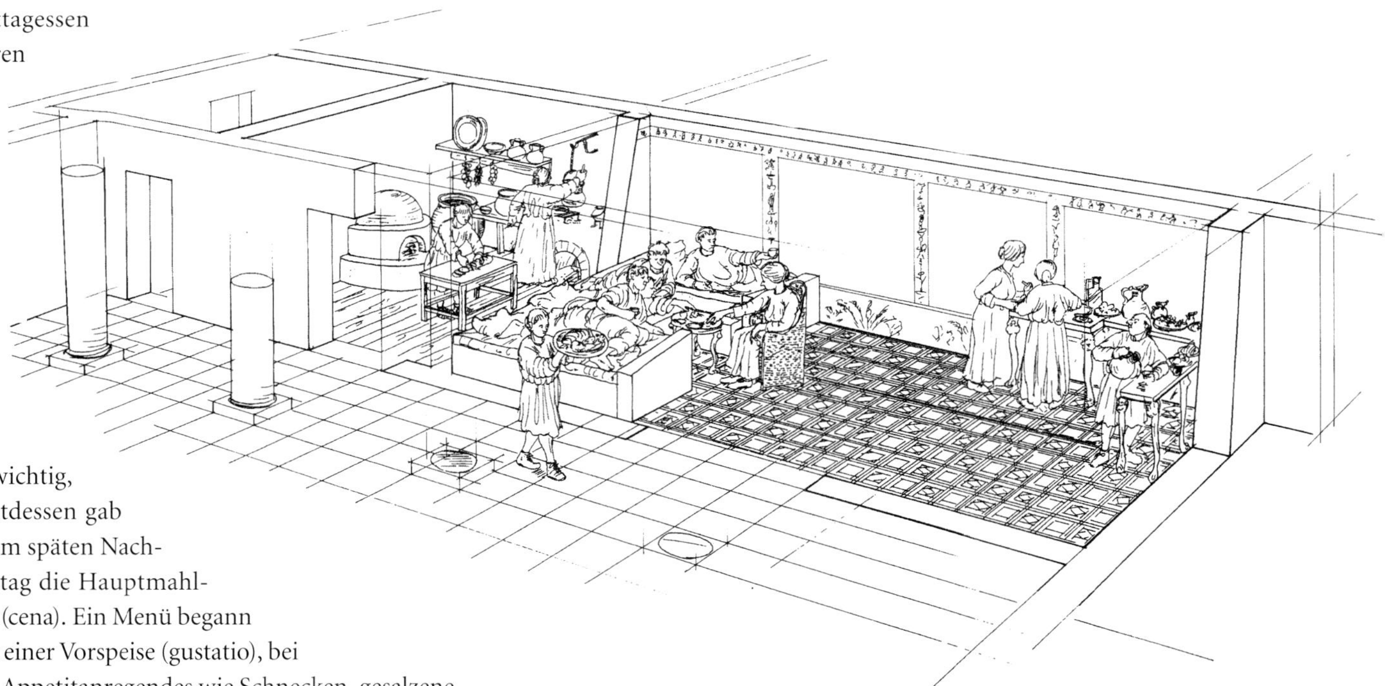

Küche und Speisezimmer in einem vornehmen römischen Haus

richtet wurden. Der Hauptgang (mensae primae) bestand aus Fisch oder Fleisch, aus Geflügel oder Wild. Als Nachtisch (mensae secundae) gab es Kuchen und Früchte. Dazu trank man Wein mit Wasser und Gewürzen vermischt und Honigwein (mulsum).

An einer separaten Anrichtebank hatten die Diener die Aufgabe, das Fleisch und die Zutaten soweit nötig in mundgerechte Stücke zu zerkleinern und den Wein zu mischen. In Schüsseln und auf Platten brachten sie die Happen auf den Tisch, von wo sich jeder mit den Fingern nehmen konnte. Gabeln und Messer fehlten, neben den Fingern wurden ausschließlich Löffel verwendet, deren Stiele in Spießchen oder Häkchen endeten. Damit konnten Eier aufgestochen, Schnecken und Muscheln aus der Schale gezogen werden. Unverzichtbar war das mehrmalige Händewaschen zwischen den einzelnen Menügängen, das Diener mit der speziellen Handwaschgarnitur Kanne und Griffschale besorgten. Entsprechend der Gewohnheit, Fleisch- und Brothäppchen in Soßen zu tunken und allerlei Kleinigkeiten anzubieten, benötigte man für die bereits zerkleinerten Speisen nur einen großen Teller oder eine Schüssel zum Auftragen, aber viele kleine Näpfe für die verschiedenen Soßen und Gewürze. Je nach Geldbeutel bestanden solche Tafelservices aus Metall, Glas, Keramik oder Holz. Das feinste Tongeschirr war aus Terra Sigillata, dazu kamen hauchdünne schwarzglänzende Trinkbecher und natürlich kostbare Glasgefäße für Wasser und Wein.

Wer sich die Eß- und Trinkgewohnheiten des italischen Mutterlandes leisten konnte, übernahm sie, denn römischer Lebensstil galt als vornehm. In Heidelberg werden allerdings nur wenige bei opulenten Gelagen geschlemmt haben. Die kleinen Häuser in Neuenheim und Bergheim boten für die Speisesofas gar nicht den Platz, und das Dienstpersonal war für einfache Leute nicht zu bezahlen.

Linke Seite:
Gläsernes Trinkgeschirr aus Heidelberg-Neuenheim

»Durch aufgelegte Kreide wißt ihr Weiße zu erlangen,
doch seid ihr eher blaß, färbt Kunst die Lippen euch und Wangen.«

Ovid (43 v. – 17 n. Chr.)

Römerin und Römer

Die Damen der Römerzeit widmeten viel Zeit dem Auftragen von Make-up. Die wichtigsten Hilfsmittel waren Bleiweiß für einen helleren Teint, Weinhefe für rötere Lippen, Ameiseneier für schwarze Brauen und das Rouge für die Wangen. Mit Hilfe einer kleinen doppelendigen Bronzesonde entnahm die Römerin das Schminkpulver einem beinernen Büchschen oder einem enghalsigen Glas, dem sog. Balsamarium, verteilte dies auf einer Steinplatte, vermischte es schließlich mit Speichel zu einem Brei und tupfte es auf Wangen und Gesicht.

Utensilien für Kosmetik und Körperpflege: Spiegel, Sonde und Reibstein sowie Salbfläschchen aus Gräbern in Heidelberg-Neuenheim

Wichtiges Schmuckelement für Mann sowie Frau war die Gewandspange (Fibel). Diese gilt als Vorgänger unserer Sicherheitsnadel und wurde oft wie ein Schmuckstück behandelt und reich verziert. Nach ihren technischen Merkmalen lassen sich Spiral- und Scharnierfibeln unterscheiden. Bei den Spiralfibeln sorgt eine Spirale für die Spannung der Nadel, so daß diese nicht aus dem Nadelhalter rutschen kann, bei den Scharnierfibeln ist die Nadel hingegen locker durch ein Scharnier mit dem Bügel verbunden und findet den notwendigen Halt nur, wenn die Nadel genügend Stoff erfaßt. Sowohl Form als auch Aussehen der Fibeln veränderten sich rasch, da sie stark der Mode unterworfen waren. Im 1. Jahrhundert etwa waren durchweg Bügelfibeln gebräuchlich, im 2. und im 3. Jahrhundert hingegen waren vorrangig Scheibenfibeln in Gebrauch.

Neben den Fibeln trug man Schmuck aus Gold, Silber und Edelsteinen, aber auch Amulettanhänger wie etwa Tierzähne, die Unheil abwehren oder Glück bringen sollten. Die Römerin liebte besonders Perlen, doch hielt sich der Luxus in Heidelberg sicherlich in Grenzen. Hier wurden einfachere Schmuckstücke aus Bronze getragen, die, sorgfältig gepflegt und poliert, wie Gold schienen.

Die hiesigen Frauen waren keineswegs alle einheitlich gekleidet. Gerade im 1. Jahrhundert n.Chr. hielten sie an sehr unterschiedlichen vorrömischen Traditionen mit keltischen oder

Römerinnen und Römer im 2. Jahrhundert n.Chr.

germanischen Stilelementen fest. Dazu gehörte ein langärmliges Unterkleid, darüber ein ärmelloses, knöchellanges Kleid, das aus einem einfachen Stoffzylinder bestand, das an den Schultern von je einer Fibel zusammengehalten wurde. Im Freien trug man einen Mantel, den auf der Schulter eine weitere Fibel hielt. Prächtig geschmückt kamen die Frauen in dieser Zeit daher, denn bis zu sechs goldglänzende Bronzefibeln, manche bis zu 20 Zentimeter lang, gehörten zu einer vollständigen Tracht.

Nach nicht mehr als zwei bis drei Generationen setzte sich, durch die südliche Mode inspiriert, eine ausschließlich genähte Tunika und ein Mantel (palla) durch, der nur noch um Schulter und Oberarm geschlungen wurde. Die Tunika ist ein hemdartiges Kleidungsstück, das aus zwei rechteckigen Stoffteilen zusammengenäht war. Für Hals und Arme wurden Durchschlüpfe oben und an den Seiten offen gelassen. Die Frauentunika wurde meist knöchellang getragen und konnte in der Taille mit einem einfachem Band gegürtet werden. Damit verloren die Fibeln ihre Aufgabe als Gewandschließe, reine Schmuckbroschen mit vielfarbigen Emaileinlagen wurden Mode und das Erscheinungsbild der Damen sehr viel unauffälliger.

Emailfibeln aus Gräbern des 2. Jahrhunderts n. Chr.

Die römische Kleidung war kaum der Mode unterworfen. Aktuelle Trends zeigten sich nur in Frisuren und Schmuck, bei denen man den weiblichen Mitgliedern des Kaiserhauses nachzueifern versuchte. So trug auch die betuchte Provinzbewohnerin das gelockte Haar hochtoupiert wie die Frauen der flavischen Kaiser, oder später nach hinten gekämmt und zu Zöpfen geflochten wie die antoninischen Kaiserinnen.

Das klassische stadtrömische Übergewand, die Toga, durften nur Männer anlegen, die das römische Bürgerrecht besaßen. Die Toga bestand aus einem großen Stück Tuch, das kunstvoll und mit genau vorgeschriebenem Faltenwurf um den Körper drapiert wurde und nur mit Hilfe von Dienern in einer langwierigen Ankleideprozedur anzulegen war. In erster Linie war die Toga ein Standesabzeichen, an dem man den sozialen Status des Trägers ablesen konnte und diente Repräsentationszwecken.

In den nördlichen Provinzen trug der Mann eine kurzärmlige Tunika, die einen Teil der Oberschenkel bedeckte. In der gesamten Kaiserzeit war ein ponchoartiger Vielzweckmantel (cucullus) das typischste Kleidungsstück der Provinzbewohner. Er bestand aus einem lodenartigen Stoff, hatte eine Kapuze und schützte so vor Kälte und Regen. Auch die Unterkleidung war hauptsächlich aus Wolle, nur mit zunehmendem Fernhandel wurden auch Leinen, Baumwolle und Seide gebräuchlich. Ausgesprochen unrömisch waren Hosen; erst durch den Kontakt mit Kelten und Germanen lernten die Römer sie kennen, übernahmen sie dann aber sehr schnell als Bekleidungsstück für ihre Soldaten.

Bei Mann wie Frau spielte Körperpflege eine große Rolle. Dazu ging man regelmäßig ins öffentliche oder private Bad. Vor dem Baden ölte man den ganzen Körper und rieb danach mit eisernen Schabern (strigilis) das Öl und damit den Schmutz von der Haut; dies ersetzte die damals noch unbekannte Seife. Nach dem Bad pflegten sich Mann und Frau mit duftenden Ölen, die in kleinen Glasfläschchen aufbewahrt wurden. Übrigens wurde nicht nur der Körper parfümiert, sondern ebenfalls das Badewasser, der Wein, das Lampenöl und sogar der Scheiterhaufen, auf dem der Tote verbrannt wurde. Mit Pinzetten entfernte man die als unschön empfundenen Haare an Armen, Beinen, Brust und Achseln. Zu dem Zweck gab es in den öffentlichen Badeanlagen ganz spezielle Haarausrupfer. Pinzetten, Ohrlöffelchen und Nagelschneider sowie weitere Utensilien trug man in einer Art Toilettenecessaire mit sich. Bis Kaiser Hadrian (117–138 n.Chr.) den Bart hoffähig machte, mußte sich jeder Römer, der etwas auf sich hielt, täglich rasieren. Ohne Rasierseife und gut geschliffene Stahlmesser war dies eine Prozedur, die leicht blutig enden konnte.

Das Glaskännchen zeigt ein Wagenrennen mit vier Viergespannen, über jedem steht der Name des Teilnehmers: Eutychos, Olympos, Farius und der Sieger Perix; es stammt aus einem Neuenheimer Brandgrab.

Traubenförmiges Glasfläschchen zur Aufbewahrung kostbarer Ingredienzien

Der römische Alltag war weitgehend von der Religion durchdrungen. Zwischen Göttern und Menschen bestand ein enges Verhältnis. Da man glaubte, daß alles durch den Willen der Götter gelenkt werde, hatte man ihnen durch Gebet, Opfer und Weihegaben Dank abzustatten. Für alle Reichsbewohner bestand die Verpflichtung, Jupiter optimus maximus zu verehren und ebenso das Kaiserhaus. Neben Jupiter zählten Juno und Minerva zur göttlichen Dreiheit. Zahlreich waren die übrigen Gottheiten, wie etwa Merkur, Mars oder Herkules sowie die Laren, unter deren Schutz bestimmte Lebensbereiche standen. Selbst Neptun erfuhr als Patron der Neckarbrücke von Heidelberg Verehrung.

Die Religion

Im Altertum gab es den Brauch, zu Ehren einer hochgestellten Persönlichkeit, z.B. eines Kaisers, häufig als Erinnerung an einen militärischen Sieg, Säulen mit der Statue des Geehrten aufzustellen; auch Göttern wurden Säulen als Weihegaben gewidmet. Eine Sonderstellung nehmen die Säulen ein, die in den römischen Nordwestprovinzen dem Jupiter Optimus Maximus geweiht sind. Als Standbild auf der Säule erscheint Jupiter, über einen Giganten reitend. Seltener wird er thronend (allein oder mit Juno), stehend oder in einem zweispännigen Wagen dargestellt. In seiner Rechten hält er häufig ein Blitzbündel, in der Linken manchmal ein Rad. Der Aufbau der Säulen ist trotz unterschiedlicher Größen weitgehend einheitlich: Über einem getreppten Fundament folgt eine hochrechteckige vierseitige Basis, auf der im Relief meist vier Götter dargestellt sind (»Viergöttersteine«). Nach Ausweis der Stifterinschriften sind die Säulen neben Jupiter auch der Juno geweiht. So erscheint sie in der Regel auf der Vorderseite der Basis. Die Nebenseiten nehmen häufig Minerva und Merkur ein, die Rückseite Herkules. Es kommen aber auch andere Götter, etwa Diana, Apollo, Fortuna, Viktoria, Mars, Venus und Vulkan vor.

Meist standen die Jupitersäulen in kleinen, mit einer Mauer umgebenen heiligen Bezirken in Städten, Dörfern, bei Gutshöfen oder auf Bergen. Stifter waren Privatleute oder Vereinigungen. Auch in der römischen Siedlung von Heidelberg und auf dem Heiligenberg gab es mehrere Säulen. In diesen kleinen Heiligtümern verehrte man verschiedene Gottheiten, wie auch mit der Jupitergigantensäule eine größere Zahl von Göttern angesprochen wurde.

Seit dem 2. Jahrhundert dringen die vielgestaltigen orientalischen Kulte aus Kleinasien, Syrien, Persien und Ägypten an den Rhein vor. Es sind vor allem Mysterienkulte, in denen sich griechische und orientalische Orts- und Vegetations-

Bronzestatuette eines Laren
aus St.-Leon-Rot

Terrakottarelief mit der Darstellung von Amor und Psyche, gefunden 1877 im Bergheimer Viertel

Das kleine **getriebene Bronzeblech** stammt aus einem Grab des späten 1. Jahrhunderts n. Chr. innerhalb des großen Neuenheimer Gräberfeldes. Es zeigt Mars Thingsus, den für das Rechtswesen in den germanischen

Truppeneinheiten des Heeres zuständigen Schutzgott. Die qualitätvolle Darstellung trägt seitlich den Künstlernamen Strabo. Zu sehen ist die Vorderansicht eines Tempels, dessen Dachfirst fünf Figuren und dessen Giebelseiten Reiterprotome der Dioskuren bekrönen. In der Cella steht die Panzerstatue des Mars Thingsus mit seinem Begleittier, der Gans, seitlich davon das Zeichen des Capricorns, des Steinbocks.

kulte verbanden. In ihrem Mittelpunkt steht der Wechsel von Vergehen und Wiedergeburt. Durch Weihen, Taufen oder Kultmahlzeremonien wurde der Myste bis zu orgiastischen Steigerungen hin einbezogen. Bestimmend war die bei sozial gefährdeten Volksgruppen weit verbreitete Vorstellung vom besseren Leben nach dem Tode als Ausgleich für die Leiden dieser Welt. Von diesen Erlösungsreligionen sind neben der Verehrung des Baal von Doliche und der Isis eigentlich nur die Kulte von Mithras, Kybele und Attis hervorzuheben.

Die Mithrasreligion hat ihren Ursprung im persisch-indischen Raum. Während der römischen Kaiserzeit verbreitete sie sich durch Kaufleute, Verwaltungsbeamte und Soldaten über das gesamte Römerreich. Besonders zahlreich sind die Spuren der Kultstätten im Main-Neckar-Raum. In seinem Ursprungsland wurde der Lichtgott als Wächter über die kosmische, rechtliche und soziale Ordnung verehrt. Schon früh betrachtete man ihn als Spender der Fruchtbarkeit und als Überwinder des Ur-Stieres. Das persische Wort »mithra« bedeutet Vertrag. Somit verkörperte der Gott den Aufbau der Gesellschaft, die durch die persönlichen, vertraglichen Beziehungen zwischen den einzelnen Mitgliedern gefestigt wurde. Diese Bedeutung des Mithraskultes war später auch in den römischen Mysterien noch deutlich spürbar. Da aber die Vorstellungen der Perser später durch griechische Gedanken umgeformt wurden, entstand eine neue Religion.

Mithras wird in der Wintersonnenwende aus dem Felsen geboren, als göttliches Wesen, als Mittler zwischen Gut und Böse, zwischen Leben und Tod. Er beherrscht damit den Kosmos und ist auf das erlösende Stieropfer vorbereitet. Die wichtigste Tat des Mithras ist die Tötung des Stieres. Sein Blut schafft neues Leben von Tieren und Pflanzen. Beim Heiligen Mahl von Sol und Mithras verzehren die Götter Fleisch und Blut des geopferten Stieres. Beide Götter verschmelzen hierbei zur Gestalt des unbesiegbaren Sonnengottes Mithras.

Symbolhaft feierte die im Mithräum versammelte Kultgemeinde das Gedächtnis dieses Mahles mit Brot und Wein. Die Kultfeiern bildeten geheime Treffen der Gläubigen, die zur Schweigepflicht angehalten waren. Zuvor hatten sie strenge Einweihungsrituale bestehen müssen, um Myste, d.h. Eingeweihter zu werden. Sieben Weihegrade standen in enger Beziehung zu den sieben Planeten. Jeder Grad stand unter dem Schutz eines Planeten und hatte seine eigenen Symbole. Dem Aufstieg des Mysten durch die sieben Grade entsprach nach dem Tod ein Aufstieg seiner Seele durch die himmlischen Sphären zum Licht.

Die Heiligtümer des Mithraskultes wurden aus der Legende des Mithras als Felsenhöhlen oder Grotten verstanden. Es wird berichtet, daß man den Gott, aus dem Fels geboren, von alters her in einer Felsengrotte verehrt habe. So stellt die Höhle nicht nur den Platz der Geburt des Mithras dar, sondern auch den Ort der Wiedergeburt seiner Anhänger, der Mysten. Überliefert ist auch die Auffassung, daß die Höhle ein Abbild des Himmelsgewölbes sei. Die

Jupiterkopf
einer Jupitergigantensäule,
Ende 2. Jahrhundert n. Chr.,
gefunden in Heidelberg-Neuenheim

meisten Mithräen wurden allerdings nicht in Grotten angelegt, sondern als kellerartige Stein- oder Holzbauten diesen nachgebildet. Fast immer waren sie mit einer gewölbten, mit Sternen bemalten Decke ausgestattet. Typisch waren langgestreckte Kulträume, die man durch eine Vorhalle betreten hat. Sie zeigten stets eine Dreiteilung mit erhöhten Podien seitlich des Mit-

Das Mithräum I in Heidelberg-Neuenheim

Im Jahre 1838 stieß man an der Neuenheimer Landstraße 80 beim Ausschachten einer Baugrube auf die Reste eines Mithrasheiligtums. In 3 Meter Tiefe kamen zwei parallele Mauerzüge zutage, die sich in den auslaufenden Hang des Heiligenberges unweit einer Quelle einschnitten. Offensichtlich hatte man die nach Norden gerichtete Stirnseite des Heiligtums mit der Cella für das Hauptkultbild entdeckt. Von dem eigentlichen dreischiffigen Kultraum und der Vorhalle wurden keine Spuren beobachtet. Vielleicht waren solche damals übersehen worden. In der Cella hatte einst das große Stieropfer-Relief auf einem Podium Aufstellung gefunden, denn es lag mit der Bildseite nach unten dicht davor. Reste einer Felsgeburt des Mithras, einer Jupitergigantensäule, eines zugehörigen Stifteraltars des Candidius Quartus, eines weiteren Altars und eines Reliefs des reitenden Mithras belegen die reiche Ausstattung dieses Heiligtums.

Rechte Seite:
Mithras und Sol beim Kultmahl.
Kultbild aus dem Mithräum I in Ladenburg

Rekonstruktion des Kultraumes eines Mithräums.
Im Mittelpunkt steht eine Kopie des bemalten Neuenheimer Stieropfer-Reliefs.

telganges. Am Ende des Kultraums befand sich eine Art Apsis mit dem Relief der Stiertötung, vor dem ein Altar stand. Seitlich des Hauptbildes und auch entlang der Podien waren meist Statuen der beiden Begleiter des Mithras, Cautes und Cautopates, und andere kleinere Bildwerke aufgestellt.

Relief des reitenden Mithras
aus dem Mithräum I in
Heidelberg-Neuenheim

»Heilig sind die traurigen Gräberfelder, die Lebenden versöhnen die Toten und bringen ihnen auch auf den Gräbern – wenn auch kleine – Opfer dar. Der Tote ist nicht anspruchsvoll, er braucht kein reiches Opfer, nur Pietät: am Ufer des Styx gibt es keine Wünsche. Es genügt, wenn du das Grabmal mit einem Blumenkranz schmückst, auch etwas Obst bringst, kleine Salzkörner streust, einige Veilchen und mit Wein getränktes Getreide; dies alles stelle in einer Schüssel in die Mitte des Weges.«

Ovid (43 v. – 17/18 n. Chr.)

Tod und Jenseits

Gräber sind der sichtbare Ausdruck des Glaubens an ein Leben über den Tod hinaus. Kennzeichen römischer Friedhöfe war die selbstverständliche Einheit von Verstorbenen und Hinterbliebenen. Am Grab traf sich die Familie regelmäßig zu den Totenfeiern und sorgte durch möglichst auffällige Grabmonumente dafür, daß die Erinnerung an den Toten wach blieb. Eß- und Trinkgeschirr wie persönliches Hab und Gut gab man mit auf die Reise ins Jenseits, so daß Gräber gleichzeitig zu den wichtigsten Dokumenten vergangenen Lebens zählen.

Das römische Recht schrieb eine Bestattung der Toten außerhalb der Städte und Siedlungen vor. Auch in Heidelberg wurden deshalb die großen Friedhöfe entlang der Ausfallstraßen nach Norden und Süden angelegt.

Wer sich Neuenheim um 200 n. Chr. von Ladenburg kommend näherte, der zog meilenweit an den Begräbnisstätten unzähliger Familien vorbei, die die Straße säumten und mit Grabbauten, Statuen und Inschriften auf sich und ihre Taten aufmerksam machten. Über viele Jahrhunderte hinweg hat der Neuenheimer Boden diese Gräber nahezu unangetastet erhalten, war dort doch seit langem gepflegtes Gartenland. Erst als die Universität in den 50er und 60er Jahren im Neuenheimer Feld ein großes Neubaugebiet erschloß, ergab sich die Gelegenheit bzw. die Notwendigkeit einer archäologischen Untersuchung. In mehr als zehn Grabungskampagnen legten Archäologen an die 1500 Brand- und Körpergräber, und damit eines der größten Gräberfelder im römischen Deutschland frei.

Das Areal des römischen Gräberfeldes an der Berliner Straße in Heidelberg-Neuenheim während der Ausgrabungen 1967

Die Belegung begann noch im späten 1. Jahrhundert vor der Westfront des Westkastells, hatte einen ersten Höhepunkt vor der Mitte des 2. Jahrhunderts und endete an der Wende zum 3. Jahrhundert. Im 1. und 2. Jahrhundert n. Chr. wurden die Toten vorwiegend einge-

Urnengrab aus der ersten Hälfte des 2. Jahrhunderts n. Chr.

Das große **Gräberfeld an der Römerstraße nach Ladenburg** um 200 n. Chr.

Im Cräberfeld von Neuenheim wurden **36 Steinkistengräber** ausgegraben, die alle nur in bestimmten Arealen innerhalb des Friedhofes auftraten. So auch die drei deutlich zueinander orientierten Steinkisten

der Grabungskampagne 1965. Der Deckel der mittleren Bestattung zeigt deutliche Spuren einer gewaltsamen Öffnung. Wahrscheinlich haben Grabräuber noch in römischer Zeit die Grabstätte geschändet und die vielen Beigaben geraubt. Dagegen blieb die kostbare Ausstattung der beiden anderen Aschenbehälter bis zum Zeitpunkt der Ausgrabung unberührt.

äschert. Die Verbrennung fand gelegentlich am Grab selbst statt (bustum) zumeist jedoch auf öffentlichen Verbrennungsplätzen (ustrinae). Der Verstorbene wurde auf einem Scheiterhaufen verbrannt, mit ihm Geschirr, Lebensmittel, Blumen und Erinnerungsstücke. Nach der Verbrennung lasen die Angehörigen die sterblichen Überreste aus der Scheiterhaufenasche und sammelten sie in einer Urne, einem Korb oder einem Tuch. Die Urne wurde in der Grabgrube deponiert, in die in vielen Fällen auch ein Teil der mitverbrannten Beigaben geschüttet wurde. Aufwendig und damit kostspielig waren jene Brandbestattungen, bei denen die sterblichen Überreste nicht einfach in die Grube gelegt wurden, sondern durch einen steinernen Aschenbehälter besonderen Schutz erhielten. Im Neuenheimer Gräberfeld bestanden diese Ossuarien zumeist aus einem rechteckigen Kasten mit giebelförmigem, halbtonnenförmigem oder flachem Deckel; versiegelt wurde das Ganze mit Eisendübeln. In der Regel zeichneten sich auch die Beigaben in diesen Steinkistengräbern durch besondere Qualität und Quantität aus, so ist etwa der Anteil kostbarer Glasurnen hier besonders hoch.

Die Sitte der Totenverbrennung wurde etwa seit dem Ende des 2. Jahrhunderts von der Körperbestattung verdrängt. Ursachen dafür waren neben der zunehmenden Verarmung breiter Bevölkerungsschichten, die sich die Kremation nicht mehr leisten konnten, vor allem die andersartigen Glaubens- und Jenseitsvorstellungen der orientalischen Heilslehren, die nach und nach auch in den Nordprovinzen des Römischen Reiches ihre Anhänger fanden. Anders verhält es sich mit jenen Toten, die man in ungewöhnlicher Körperhaltung, z.B. gekrümmt oder auf dem Bauch liegend begrub. Gerade durch die Bauchlage versuchte man »Wiedergänger« daran zu hindern, die Lebenden heimzusuchen. Wahrscheinlich wurden auch Kriminelle oder an ungewöhnlichen Krankheiten Verstorbene auf diese Weise endgültig aus der Gesellschaft ausgestoßen.

Das Erscheinungsbild eines antiken Friedhofes war vor allem durch Grabbauten geprägt. Wer es sich leisten konnte ließ sich monumentale Steingebäude – manche bis zu 30 Metern hoch – errichten; die Masse der Gräber war allerdings nur durch Holztafeln markiert. Die Vielgestaltigkeit der Bauten war groß, gab es doch keinerlei reglementierende Bauvorschriften. Mit einfachen Inschriftenplatten, Grabaltären, Grabtempeln oder turmartigen Pfeilergrabmälern eiferte man italisch-römischen Gepflogenheiten nach. Die großen Gräberfelder hatten strikte Belegungsordnungen. Es gab eigens durch Mäuerchen und Gräben abgetrennte

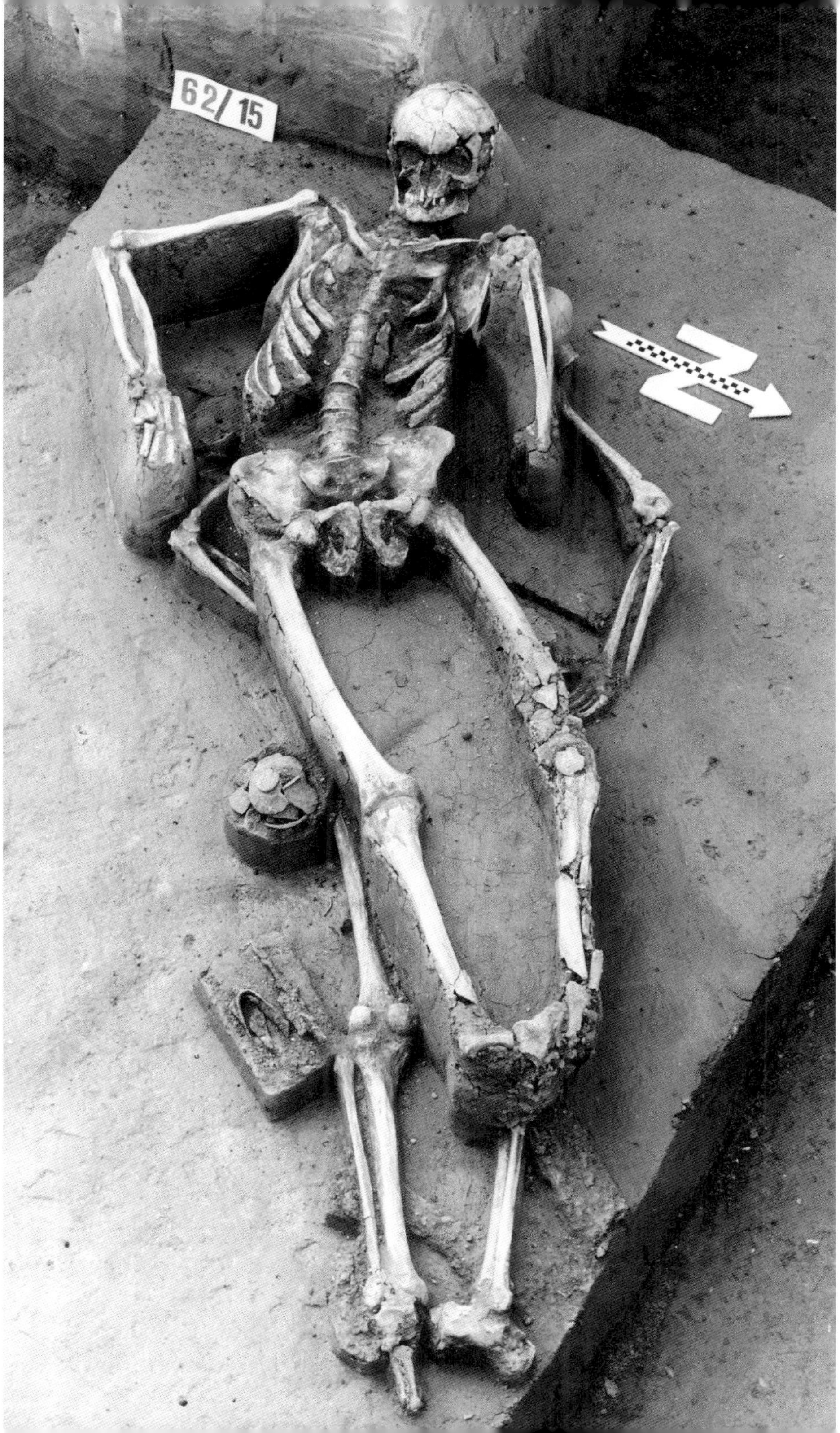

Das 1962 geborgene **Doppelgrab** ist in vielerlei Hinsicht außergewöhnlich. Der mindestens 40 – 60-jährige Mann wurde unverbrannt, aber nicht auf dem Rücken, sondern auf dem Bauch liegend beerdigt. Bis auf die Sohlennägel seiner Lederschuhe hat sich von seiner Kleidung und den Schuhen nichts erhalten. Die Grabbeigaben, wie Trinkgeschirr und die Eisenschere waren anscheinend für ihn bestimmt. Unmittelbar über ihm lag das Skelett eines mindestens 60jährigen, der diesmal auf dem Rücken liegend begraben worden war. In welchem Lebensverhältnis die beiden Männer zueinander standen ist nicht mehr zu sagen, jedenfalls muß ihre Beziehung so eng gewesen sein, daß sie auch im Tod nicht getrennt werden wollten oder aber nicht durften.

Areale, bei denen es sich wohl um Begräbnisplätze einzelner Familien handelte. Sicherlich standen zwischen den Gräbern auch Hecken und Bäume. Eine Grabstelle »in der ersten Reihe« direkt an der Straße war begehrt, denn solch hervorragende Plätze gewährleisteten ein breites Publikum. Reiche Großgrundbesitzer und geschäftstüchtige Unternehmer scheuten sich deshalb auch nicht, ihre Familiengrabstätten als »Reklameträger« zu gebrauchen und sie mit Darstellungen aus dem Geschäftsleben zu schmücken. Aber auch die Hoffnung auf einen ewigen Glückszustand im Jenseits wurde durch Bildinhalte besonders aus der Mythologie zum Ausdruck gebracht. Die Sepulchralsymbolik des Pfeilergrabmals von Heidelberg-Rohrbach gilt als eindrucksvollstes Beispiel unserer Gegend.

Trotz allem waren die Gräber nicht für immer geschützt. So durchschlug man bei der Anlage neuer Grablegen bereits vorhandene oder verwendete Bauteile von abgerissenen Denkmälern wieder. Das Mittelalter nutzte die verlassenen römischen Friedhöfe mit ihren langsam verfallenden Bauten als Steinbrüche, und so zeugen heute nur noch klägliche Reste von den einst stolzen und mächtigen Monumenten.

Das Grabmal aus Heidelberg-Rohrbach
– Totengedenken und Selbstdarstellung

Im Jahre 1896 wurden in Rohrbach, direkt an der Römerstraße die Reste eines großen römischen Grabdenkmals ausgegraben. Zusammen mit einigen weiteren römischen Gräbern bildete es den kleinen Friedhof einer Villa rustica, deren Überreste in etwa 300 Meter Entfernung entdeckt wurden. Nach der Größe der erhaltenen Reliefblöcke und Inschriftenfragmente handelt es sich um ein monumentales Pfeilergrabmal von ca. 25 Metern Höhe. Die gute Qualität der Reliefs läßt auf eine Entstehung um etwa 200 n. Chr. schließen. Die zahlreichen Fragmente von ornamentalen und figürlichen Darstellungen zeugen von der ehemals reichen Reliefverzierung des Grabmales. Besonders bedeutsam sind die Überreste der Bemalung auf einigen Fragmenten, die auf die urspünglich farbenfrohe Ausgestaltung hindeuten. Das weithin sichtbare Grabmal, direkt an der Fernstraße vom Rhein an die Donau gelegen, galt jedem Vorbeikommendem somit als markantes Wegzeichen und sicherte dem Verstorbenen ein bleibendes Andenken.

Grabsteine der Accepta und des Mogetius, gefunden 1968 im Gräberfeld von Neuenheim, Ende 1./Anfang 2. Jahrhundert n. Chr. Die Inschrift der Accepta erzählt, daß sie bereits im Alter von 25 Jahren verstarb, ihr Vater Sabinus hieß und sie eigentlich aus der Gegend von Metz stammte, wo der einheimische Volksstamm der Mediomatriker lebte. Der Text schließt mit dem Hinweis auf ihren Gatten Ammonius Mogetius, der das Grabmal auch setzen ließ und dessen eigener Grabstein ebenfalls ausgegraben werden konnte. Diesen stiftete ein Mogetius, wahrscheinlich ein freigelassener Sklave des Ammonius Mogetius. Der Grabstein zeigt an der linken Seite des Verstorbenen eine Dolabra, eine langstielige Pionieraxt, die vom Militär und in der Land- und Forstwirtschaft eingesetzt wurde. Sie sollte wohl dem Betrachter einen Hinweis auf den Beruf des Ammonius Mogetius geben, der etwa Verwalter in einem waldreichen Gutsbezirk (saltus) gewesen sein könnte.

»Ich will, daß meine ganzen Instrumente, die ich mir zum Jagen und Vogelfangen angeschafft habe, mit mir verbrannt werden...«

Aus dem Testament eines reichen Galliers (2. Jh. n. Chr.)

In römischen Gräbern spiegelte sich nicht nur menschliche Eitelkeit und Gestaltungsdrang, sie drückten ebenso wirtschaftlichen und gesellschaftlichen Rang des Verstorbenen aus. Neben den Grabbauten sind es die Beigaben aus dem Besitz des Toten, die am sprechendsten davon künden. So verfügte ein Lingone aus Langres in seinem Testament, daß neben seiner Jagdausrüstung auch sein Binsenboot, die Straßensänfte, alle Kleider aus Damast und Brokat und vieles mehr mit ihm auf dem Scheiterhaufen verbrannt werden sollte.

Den Umgang mit den Toten im Norden des Römischen Reiches prägten keltisch-germanische Riten vermischt mit Sitten und Gebräuchen aus dem mittelmeerischen Mutterland. So wurden den traditionell einheimischen Beigaben wie Geschirr, Schmuck, Waffen und Werkzeug nach italisch-mediterraner Sitte Balsamarien und Kosmetika, Lampen, Münzen und Terrakotten hinzugefügt. Welche Vorstellungen vom Nutzen der Beigaben herschten, ist heute unklar und mag zumindest in einigen Fällen in Konventionen und Brauchtum begründet gewesen sein. Teilweise werden darin aber auch persönliche Vorlieben, Schicksale und bestimmte Tätigkeiten in Heim und Beruf erkennbar. In der Gabe von Amuletten und Spielwürfeln könnten sich Ängste oder Wünsche der Verstorbenen oder der Hinterbliebenen widerspiegeln, während kostbare Glasgefäße auf eine recht luxuriöse Haushaltsführung oder eher noch auf ein aufwendiges Begräbnis hinweisen mögen.

Begleiter ins Jenseits

Linke Seite:
Terrakottafiguren aus Neuenheimer Gräbern

Unten:
Verbrennung und Beisetzung auf dem römischen Friedhof von Neuenheim

Späte Kaiserzeit

Völker- wanderungszeit

Über einen Zeitraum von 200 Jahren vollzieht sich ein tiefgreifender Umbruch der politischen, sozialen und kulturellen Verhältnisse. Parallel zur Krise des römischen Staates kommt es zum Zusammenschluß germanischer Stämme, der gepaart ist mit einem verstärkten Expansionsdrang. Die römisch-germanischen Beziehungen sind dabei nicht allein durch Konfrontation in kriegerischen Auseinandersetzungen geprägt, sondern ebenso durch Phasen friedlicher Koexistenz mit einem regen Austausch von Waren und Dienstleistungen. Erst unter dem Druck der großen Völkerwanderungen im späten 4. und im 5. Jahrhundert bricht der spätrömische Staat zusammen. Die städtische Kultur der Römer wird durch die bäuerlich geprägte Lebensweise der Germanen abgelöst. Einzig das aufkommende Christentum sichert in dieser Zeit den Fortbestand antiker Traditionen. Die verheerenden Germaneneinfälle des 3. Jahrhunderts n. Chr. zeigten deutlich, daß die lineare Grenzsicherung am Limes nicht in der Lage war, das römische Reichsgebiet zu schützen. Unter den Kaisern Diokletian und Konstantin wurde deshalb eine Heeresreform durchgeführt, deren Ergebnis eine flexible tiefgestaffelte Binnenlandsicherung war.

233 n. Chr.

Schwerer Germaneneinfall nach Obergermanien und Raetien.

235–284 n. Chr.

Zeit der Soldatenkaiser – zunehmende politische und wirtschaftliche Schwierigkeiten im Reich.

259/60 n. Chr.

Verheerende Germaneneinfälle bis weit nach Gallien hinein; in der Folgezeit Verlust des rechtsrheinischen Provinzgebietes.

260–274 n. Chr.

Usurpation des Postumus, Gründung eines gallischen Sonderreiches.

284–305 n. Chr.

Unter Kaiser Diokletian Konsolidierung des Reiches: Einführung einer Viererherrschaft (Tetrarchie) mit zwei Augusti und zwei Caesares; Münz- und Verwaltungsreform; Neuordnung der Provinzen; schwere Christenverfolgungen; Trier wird Residenzstadt des Westreiches.

306 – 337 n. Chr.

Regentschaft Konstantin des Großen.

312/313 n. Chr.

Sieg Konstantins an der Milvischen Brücke bei Rom über Maxentius; Edikt von Mailand über die freie Religionsausübung des Christentums.

343/346 n. Chr.

Gründung des Bistums Mainz; Nennung möglicher Bischöfe in Worms und Speyer.

355 – 363 n. Chr.

Nach verheerenden Einfällen der Alamannen, Feldzüge des Julian in das rechtsrheinische Gebiet und Sicherung der Rheingrenze; Schlacht bei Straßburg gegen die Alamannen.

364 – 375 n. Chr.

Kaiser Valentinian; Festungsbauprogramm am Rhein: Anlage des Kastells in Altrip und der rechtsrheinischen Burgi mit Schiffsländen in Mannheim-Neckarau und Ladenburg.

379 – 395 n. Chr.

Kaiser Theodosius; Christentum wird Staatsreligion, Verbot der heidnischen Kulte; Teilung des Reiches in ein Ost- und ein Westreich mit den Hauptstädten Konstantinopel und Rom.

401 n. Chr.

Abzug der römischen Truppen von der Rheingrenze zum Schutz Italiens vor den Westgoten durch den Heermeister Stilicho.

406/407 n. Chr.

Vandalen, Sueben und Alanen vernichten den Grenzschutz am Rhein und dringen über Gallien bis nach Spanien vor.

413 n. Chr.

Ansiedlung der Burgunder als Föderaten Roms am Rhein.

451 n. Chr.

Die Hunnen dringen unter Attila bis nach Gallien vor; Sieg des römisch-germanischen Heeres auf den Katalaunischen Feldern.

476 n. Chr.

Ende des Weströmischen Reiches nach der Absetzung des Kaisers Romulus Augustulus.

496 n. Chr.

Der Frankenkönig Chlodwig besiegt die Alamannen und tritt zum Christentum über; Beginn der fränkischen Landnahme am Oberrhein.

Die Späte Kaiserzeit
im Überblick

Römer und Germanen am Rhein

»Den ganzen Rhein, angefangen von Rätien bis zur Meerenge am Ozean, ließ Valentinian mit großen Dämmen befestigen und auf der Höhe Militärlager und Kastelle, ferner in dichten Abständen an geeigneten und günstigen Stellen Türme errichten, soweit sich die gallischen Länder erstrecken. Zuweilen wurden auch Gebäude jenseits des Stroms angelegt, wo er das Land der Barbaren berührt.«

Ammianus Marcellinus (2. Hälfte des 4. Jahrhunderts n. Chr.)

Für die Menschen im römischen Heidelberg und im Unteren Neckarland, Römer wie Germanen, war dies eine Zeit vielschichtiger Umwälzungen. Hier, wie überall in den Grenzprovinzen an Rhein und Donau, geben die archäologischen Funde schlaglichtartig Einblicke in den Alltag der Menschen. Gleichzeitig spiegeln sich in ihnen die Krisenphänomene der Zeit wieder.

Höhere Soldzahlungen an die Armee, höhere Steuern und in der Folge höhere Preise führten zu stetiger Inflation. Der Staat erhöhte die Geldmenge durch die Ausgabe von Denaren, deren Silbergehalt stark verringert wurde. Dadurch war der reale Wert der Münze viel geringer als ihr nominaler Wert. Geldknappheit in den Provinzen führte zur Herstellung einer Art halblegalem »Limesnotgeld«, das in kleinen Werkstätten in Formen gegossen wurde. Umfangreiche Rodungen führten im 3. Jahrhundert zu folgenschweren Hochwassern, die nicht nur kostbaren Ackerboden wegschwemmten, sondern auch die Siedlungen in den Flußtälern bedrohten. In der Folge sank der Bodenertrag der Anbauflächen. Gleichzeitig stiegen die Preise für die Gewinnung von Brennholz, dem einzigen Energieträger der damaligen Zeit.

Die Germanen kommen! – Verborgenes Hab und Gut

Auch für die römische Siedlung in Heidelberg gingen im 3. Jahrhundert wirtschaftliche Schwierigkeiten einher mit der äußeren Bedrohung durch die Germanen. Ausgedehnte Brandschichten zeigen an, daß der Vicus um die Mitte des 3. Jahrhunderts durch mehrere Brandkatastrophen zerstört wurde, die vielleicht in direktem Zusammenhang mit den großen Einfällen der Alamannen stehen. Wie auch in anderen Gegenden des römischen Reiches reagierte die Bevölkerung auf die äußere Bedrohung mit dem Versuch, ihre Wertsachen in Sicherheit zu bringen.

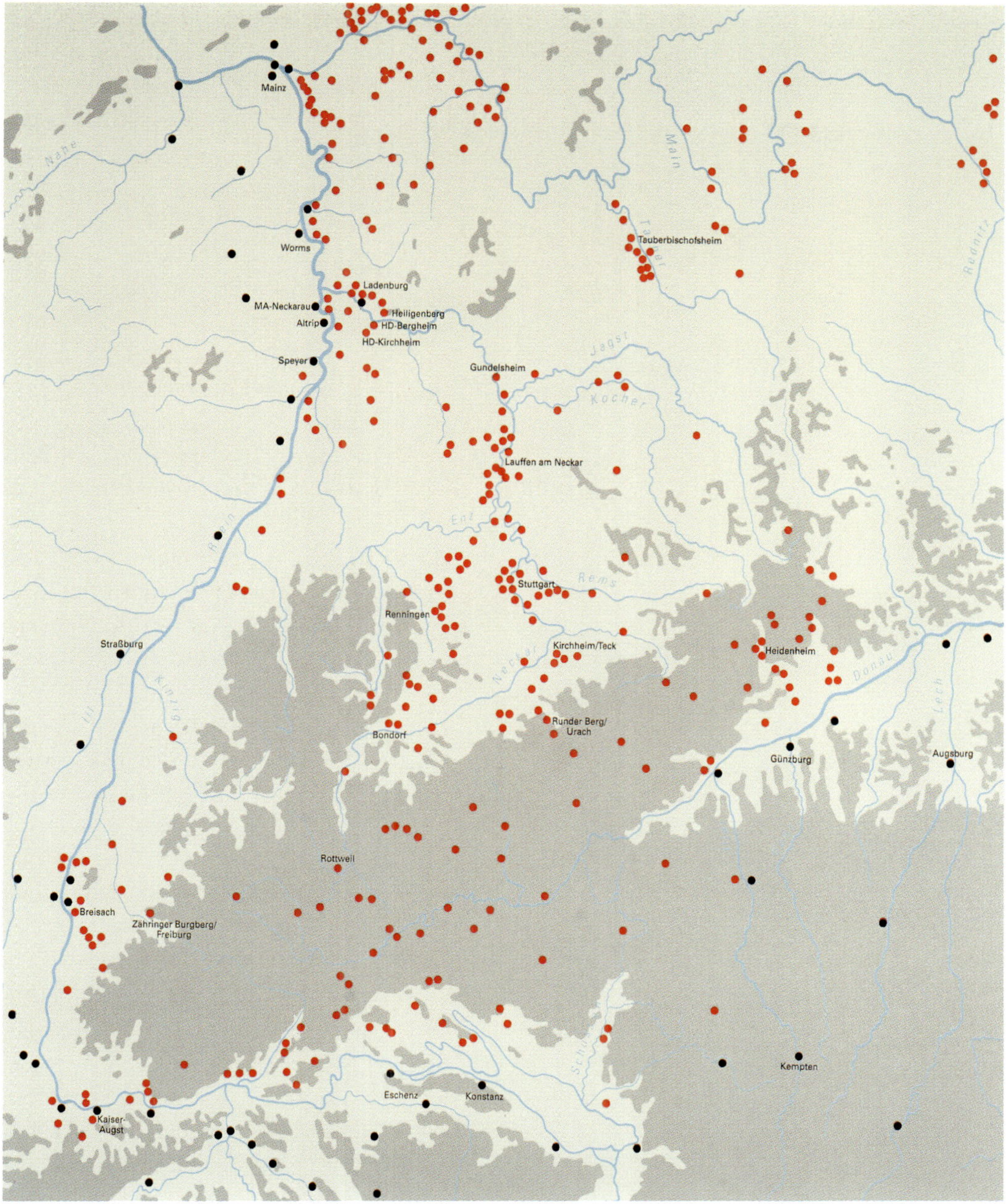

Der spätrömische Limes an Rhein, Iller und Donau sowie die **rechtsrheinische Besiedlung** im 4. und 5. Jahrhundert n. Chr.

In einem römischen Keller an der Keplerstraße wurden 1929 mehrere Keramikgefäße und Metallgeräte gefunden. Die Art der Deponierung, die Metallgeräte vielleicht in einer Holzkiste von der nur noch das Schloß erhalten ist, die Teller gestapelt und mit der großen Terra Sigillata Schüssel abgedeckt, zeigt an, daß hier Teile eines Haushaltes rasch im Keller vor den Blicken von Plünderen verborgen werden sollten. Neben den heute noch vorhandenen Objekten wurden auch noch drei intakte Glasflaschen und ein Bronzekessel gefunden.

Keramik- und Metalldepot aus einem Keller in Heidelberg-Neuenheim. Sechs Backteller, eine Terra Sigillata Reibschüssel, sowie mehrere Glas- und Eisenobjekte

1953 wurde in der Nähe des Westtors des bereits aufgelassenen Kastells ein Münzschatz entdeckt. Der ehemalige Besitzer hatte ihn in einem Topf verborgen, der mit einem übergestülpten zweiten Gefäß verschlossen war. Dieser Schatzfund umfaßt 90 Münzen römischer Kaiser von Nero (54–68 n. Chr.) bis Alexander Severus (222–235 n. Chr.). Die jüngsten, zum Teil sehr gut erhalten Silbermünzen des Alexander Severus datieren den Fund in die 30er Jahre des 3. Jahrhunderts. Starke Abnutzungsspuren zeigen dagegen die lange in Umlauf gewesenen Bronzemünzen, die fast alle in den Jahren vor 169 n. Chr. geprägt wurden. Die jüngsten Münzen eines zweiten Schatzfundes aus Neuenheim mit insgesamt 130 Münzen zeigen die Kaiser Gordian III (241–243), Philippus I (244–246), Volusian (251–253) und den Kaiser des gallischen Sonderreiches Postumus (260–268). Die Schlußmünze des Postumus datiert die Niederlegung des Schatzes in die Zeit ab 260 n. Chr. als der römische Staat, nach den schweren Germaneneinfällen dieser Jahre, die Gebiete rechts des Rheins nach und nach verloren gab und die Grenze an den Rhein zurückverlegte.

Münzschatz aus Heidelberg-Neuenheim aus den 30er Jahren des 3. Jahrhunderts n. Chr.

Neuer Anfang – Alte und Neue Siedler

Die Alamannen begannen damit, Stück für Stück das neu gewonnene Land zu besiedeln. Ihre Spuren finden sich in neu gegründeten Siedlungen ebenso wie in manchen der von ihren ehemaligen Bewohnern verlassenen römischen Villen. Spätrömische Münzen belegen dabei eine gewisse Beibehaltung der Geldwirtschaft sowie vielleicht das Verbleiben einer römischen Restbevölkerung in den rechtsrheinischen Gebieten. Alamannische Grabfunde aus dem 4. und 5. Jahrhundert n. Chr. in und um Heidelberg belegen die Ansiedlung von germanischen Bevölkerungsgruppen auch im Unteren Neckarland. Im direkten Vorfeld der römischen Grenzverteidigung am Rhein geschah dies sicher nicht ohne eine gegenseitige Absprache, zum Beispiel als Verbündete (foederati) in kriegerischen Auseinandersetzungen. Solche Siedlungen spielten aber gleichzeitig auch eine wichtige Rolle für den grenzüberschreitenden Handel und dienten damit einem gemeinsamen friedlichen Interesse.

Ein eindrucksvolles Indiz für die multikulturelle Gesellschaft der Völkerwanderungszeit, in der fremdartige Menschen mit anderen Sitten und Gebräuchen mit der jeweils einheimischen Bevölkerung in Kontakt traten und sich mit ihr vermischten, stellt ein Grabfund aus Dossenheim dar. Die außergewöhnliche Grablege umfaßt die Bestattung einer etwa 70jährigen Frau, deren Schädel im Säuglingsalter durch das Anlegen einer festen Stoffbinde stark deformiert wurde. Das normale Wachstum nach vorn und oben wurde dabei gehemmt, so daß der Schädel sich nach hinten ausbeulen mußte. Die Sitte solcher Schädeldeformationen stammt aus Zentralasien und wurde im 5. Jahrhundert n.Chr. von den Hunnen nach Mitteleuropa eingeführt, wo sie sich vereinzelt bei Frauen in burgundischen und alamannischen Gräbern nachweisen läßt. Die in Dossenheim im für damalige Verhältnisse »biblischem Alter« von ca. 70 Jahren verstorbene Frau ist aufgrund der Datierung ihrer Grabbeigaben einer der spätesten Belege für eine solche Schädeldeformation. Geboren wohl im späten 5. Jahrhundert, galt sie zu ihren Lebzeiten für ihre Mitmenschen sicher als Sonderling.

Goldmünze des Kaisers Honorius, geprägt 402/423 n. Chr., gefunden in der Lochmühle / Neckargemünd-Dilsberg

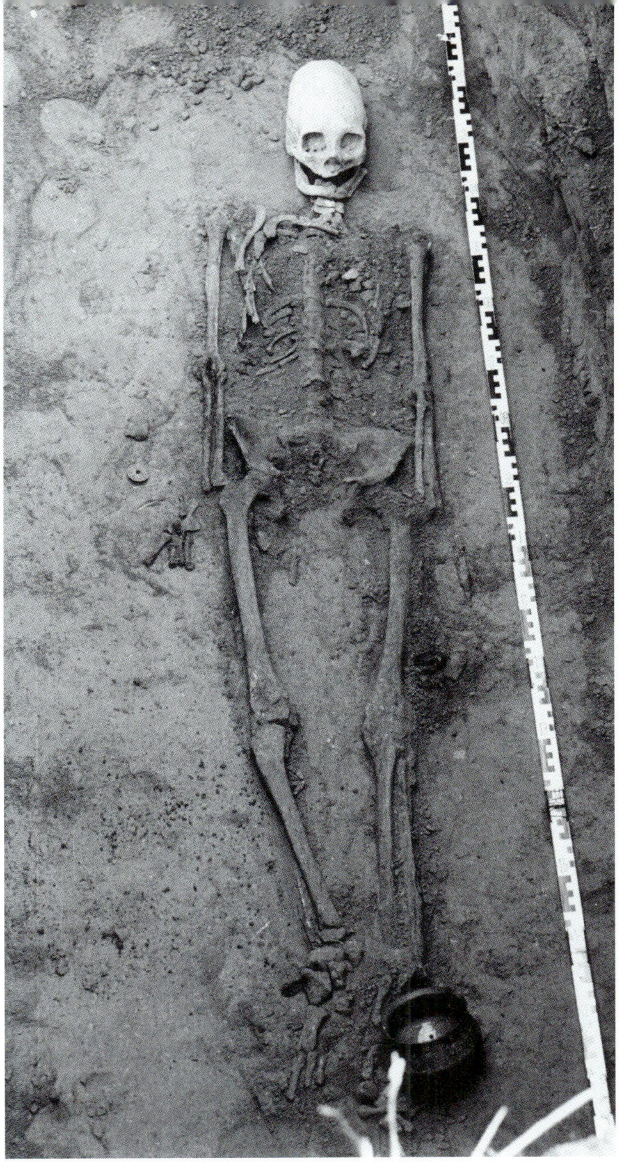

Grab einer Frau mit deformierten Schädel aus Dossenheim aus dem 6. Jahrhundert n. Chr.. Grabbeigaben waren ein Knickwandtopf mit Rollrädchenverzierung, Spinnwirtel, Eisenmesser, Gürtelschnalle und ein bronzenes Beschlagblech

Schalenurne und bronzener Gürtelring aus einem Brandgrab des frühen 4. Jahrhunderts in Heidelberg-Rohrbach

Die Merowinger

»Sie (die Franken) wohnen in dem Land am Rheinstrom; auch gehört ihnen der größte Teil von Gallien, das früher nicht in ihrem Besitz war, sondern erst hinzuerobert ist…«

Agathias (um 536–582 n. Chr.)

Die Merowingerzeit ist geprägt durch den Aufstieg der Franken. Als bedeutendster germanischer Stamm sollten sie nach dem Zusammenbruch des römischen Imperiums zur neuen Ordnungsmacht Mittel- und Westeuropas werden. Durch Inbesitznahme Galliens (Frankreich) und Unterwerfung aller benachbarten germanischen Stämme legten sie die Grundlagen für einen neuen – ganz dem römischen Reichsgedanken verpflichteten – abendländischen Staat christlichen Glaubens. Die Dynastie der Merowingerfamilie nahm die uneingeschränkt ranghöchste Position ein. In ihrem Dienst standen Amtsträger mit ihren Familien, Herzöge, Grafen oder Kanzleibeamte. Repräsentation und Selbstdarstellung mit genau klassifizierten Statussymbolen waren lebensbeherrschend.

Ende der Völkerwanderungszeit 453 n. Chr.

Tod Attilas und Rückzug der Hunnen aus Westeuropa.

Frühe Merowingerzeit 476 n. Chr.

Untergang des Weströmischen Reiches.

482 n. Chr.

Tod des Frankenkönigs Childerich. Herausbildung der merowingischen Reihengräberkultur mit charakteristischen Männer- und Frauenbeigaben. Beginn der Belegung des Friedhofes Heidelberg-Kirchheim, Autobahn.

496/497 n. Chr.

Sieg der Franken über die Alamannen bei Tolbiacum (Zülpich). Während der Schlacht bekehrt sich der Frankenkönig Chlodwig zum christlichen Glauben.
Der Nordteil des alamannischen Siedlungsgebietes wird fränkisch.

Die Zeit der Merowinger

im Überblick

um 500 n. Chr.

Fränkische Kolonisation des Unteren Neckarlandes. Dorfgründungen mit Ortsnamen, die auf -heim und -ingen enden. Abbruch der Belegung auf dem Friedhof Heidelberg-Kirchheim, Autobahn.

531 n. Chr.

Franken unterwerfen das Thüringerreich.

534 n. Chr.

Franken erobern das Burgunderreich.

536 n. Chr.

Der Südteil des alamannischen Siedlungsgebietes unterwirft sich freiwillig den Franken.

um 550 n. Chr.

Beginn der Belegung auf den Friedhöfen Heidelberg-Kirchheim, Gewann Heuaue und Heidelberg-Handschuhsheim, Hainsbachweg.

um 600 n. Chr.

Von den Bischofsstädten Worms und Speyer aus erfolgt die Missionierung des Unteren Neckarlandes.

638 n. Chr.

Tod Dagoberts I.; Beginnen der Zerfall des Merowingerreiches.

um 650 n. Chr.

Ende der Belegung des Friedhofes Heidelberg-Kirchheim, Gewann Heuaue und Heidelberg-Handschuhsheim, Hainsbachweg.

um 700 n. Chr.

Ende der Beigabensitte, Aufgabe der Reihengräberfriedhöfe, erste Begräbnisse auf Kirchhöfen.

Späte Merowingerzeit

714 n. Chr.

Karl Martell tritt seine Herrschaft als Hausmeier an.

Ältere Karolingerzeit

743 n. Chr.

Childerich III, der letzte Merowingerkönig.

751 n. Chr.

Pippin I, der erste Karolingerkönig.

765 n. Chr.

Erste urkundliche Erwähnung von Heidelberg-Handschuhsheim (Hantscuhesheim) und -Neuenheim (Niwenheim).

766 n. Chr.

Erste urkundliche Erwähnung von Heidelberg-Rohrbach (Rorbach).

767 n. Chr.

Erste urkundliche Erwähnung von Heidelberg-Kirchheim (Chiricheim) und -Wieblingen (Wibilinga).

769 n. Chr.

Erste urkundliche Erwähnung von Heidelberg-Bergheim (Bergeheim).

Die fränkische Landnahme

Mit dem Ende der römischen Herrschaft am Rhein beginnt das Frühmittelalter. Lange erschien die Zeit zwischen 450 und 750 als dunkel und unbekannt, denn kaum eine der zeitgenössischen Schriftquellen beschreibt die Situation in den ehemaligen römischen Provinzen.

Nach den archäologischen Quellen müssen alamannische Stammesgruppen zögerlich mit der Aufsiedlung des verödeten Landes begonnen haben. Zum geringen Teil nutzten sie die verfallenden römischen Gutshöfe, ansonsten bevorzugten sie ackerbaulich und klimatisch günstige Landschaften, die zur Zeit der Landnahme schon Jahrhunderte alter Kulturboden waren. Entscheidend prägten allerdings erst die Franken das Siedlungsbild. Unter Führung der Merowinger, ihrer Königsfamilie, nahmen sie zuerst vom immer noch schwach besiedelten Nordalamannien Besitz. Ihr stetig wachsender Raumbedarf wurde durch einen schnell fortschreitenden Landausbau des Altsiedellandes gedeckt. Um 700 überzog Südwestdeutschland ein gleichmäßig dichtes Netz von Wohn- und Bestattungsplätzen. So gehen Bergheim, Handschuhsheim, Kirchheim, Neuenheim, Rohrbach und Wieblingen auf merowingische Gründungen zurück. In den Schenkungsurkunden des Klosters Lorsch tauchen sie erst Jahrhunderte später auf.

Einseitig wie für keine andere Zeitepoche beleuchten die archäologischen Sachzeugnisse des frühen Mittelalters das Bild jener Zeit: einer Vielzahl von Friedhöfen, denen die kostbarsten Funde entstammen, steht eine nur sehr kleine Zahl von Höfen und Dörfern gegenüber. Die Bestattungsplätze sind durchweg leichter zu erkennen und sind vielfach noch bis in unsere Tage zugänglich geblieben. Die zugehörigen Siedlungen liegen jedoch häufig unter heutigen Ortschaften und wurden durch spätere Überbauung immer wieder überlagert und zerstört.

Die Ansiedlungen bestanden aus mehreren Hofstellen, die untereinander durch Zäune abgegrenzt waren; Einzelgehöfte sind nicht bekannt. Zu jeder Hofgruppe gehörte ein Friedhof, vielleicht mit einer kleinen Grabkapelle, wo Herr und Gesinde gemeinsam begraben wurden. Die ausschließlich in Holz errichteten Gebäude hatten verschiedene Funktionen und damit

Fibel aus einem Frauengrab
aus der Mitte des 7. Jahrhunderts
aus Heidelberg-Wieblingen

auch unterschiedliches Aussehen. Zu den charakteristischen Formen gehörten die Grubenhütten, die auf sechs Pfosten ruhend in die Erde eingetieft waren. Sie dienten Wirtschaftszwecken, u.a. standen hier Webstühle, wie dort gefundene Webgewichte beweisen. Den Mittelpunkt bildete das ein- bis dreischiffige Hallenhaus mit bis zu 15 Meter Länge und 6 Meter Breite. Mensch und Vieh waren hier unter einem Dach, jedoch in verschiedenen Hausteilen untergebracht. Von überörtlicher Bedeutung müssen die anfangs befestigten, später offenen Höhensiedlungen gewesen sein. Man suchte dafür hervorgehobene Plätze auf den meist unbewaldeten Bergkuppen. Der Heiligenberg scheint einer jener frühen Zentralorte des Mittelalters gewesen zu sein. Leider kennen wir auch hier nur den Begräbnisplatz, Aussehen und Ausdehnung der zugehörigen Siedlung ist völlig unklar.

Frühmittelalterliches Gehöft mit Wohnstallhäusern, Grubenhaus, Nebengebäuden und Begräbnisplatz

Grabfunde aus Heidelberg-Kirchheim

Knapp westlich dem heutigen Ort Kirchheim im Gewann Heuaue liegt der größte merowingische Friedhof der Umgebung; bis heute sind aus diesem 150 Bestattungen bekannt. Die Gräber waren alle nach einer einheitlichen Belegungsvorschrift in Reihen angelegt. Dabei standen individuelle Wünsche zurück, ein neues Grab hatte sich an jenem des zuvor verstorbenen Dorfbewohners zu orientieren. Die Toten lagen nach fränkischer Sitte mit dem Kopf im Westen, d.h. sie blickten alle nach Osten. Die Hinterbliebenen betteten sie in tiefe Gruben auf den bloßen Boden, nur wenige auf Totenbretter oder gar in Holzsärge. Eine räumlich abgesetzte Führungsschicht fehlt im Friedhofsareal, es kann also keine allzu großen

Rangunterschiede innerhalb der Dorfgemeinschaft gegeben haben. Gemäß der Vorstellung, daß der Tote auch das Recht auf Ausstattung der Lebenden hatte, waren hier Männer mit ihren Waffen und Frauen mit ihrem Schmuck beigesetzt, hinzu kamen Hausgerätschaften sowie Speis' und Trank in Ton- und Glasgefäßen. Das Gräberfeld in der Heuaue ist einer von mehreren frühmittelalterlichen Friedhöfen in Kirchheim. Er löste eine kleinere, nur wenige hundert Meter östlich – an der Autobahnbrücke – liegende Adelsnekropole ab. Dies geschah um 550 und hatte mit dem Zuzug neuer Siedler und rapide steigenden Bevölkerungszahlen zu tun. Für etwa 100 Jahre wurde er der Hauptfriedhof eines nahegelegenen Dorfes, wurde aber mit dessen Verlegung in den heutigen Ortskern von Kirchheim ebenfalls aufgegeben. Die Bewohner dieses im Jahre 767 erstmals erwähnten Ortes Kirchheim (Chiricheim) bestatteten ihre Toten im Bereich des heutigen Rathauses.

Gläsernes Trinkgeschirr aus Heidelberg-Handschuhsheim und -Kirchheim

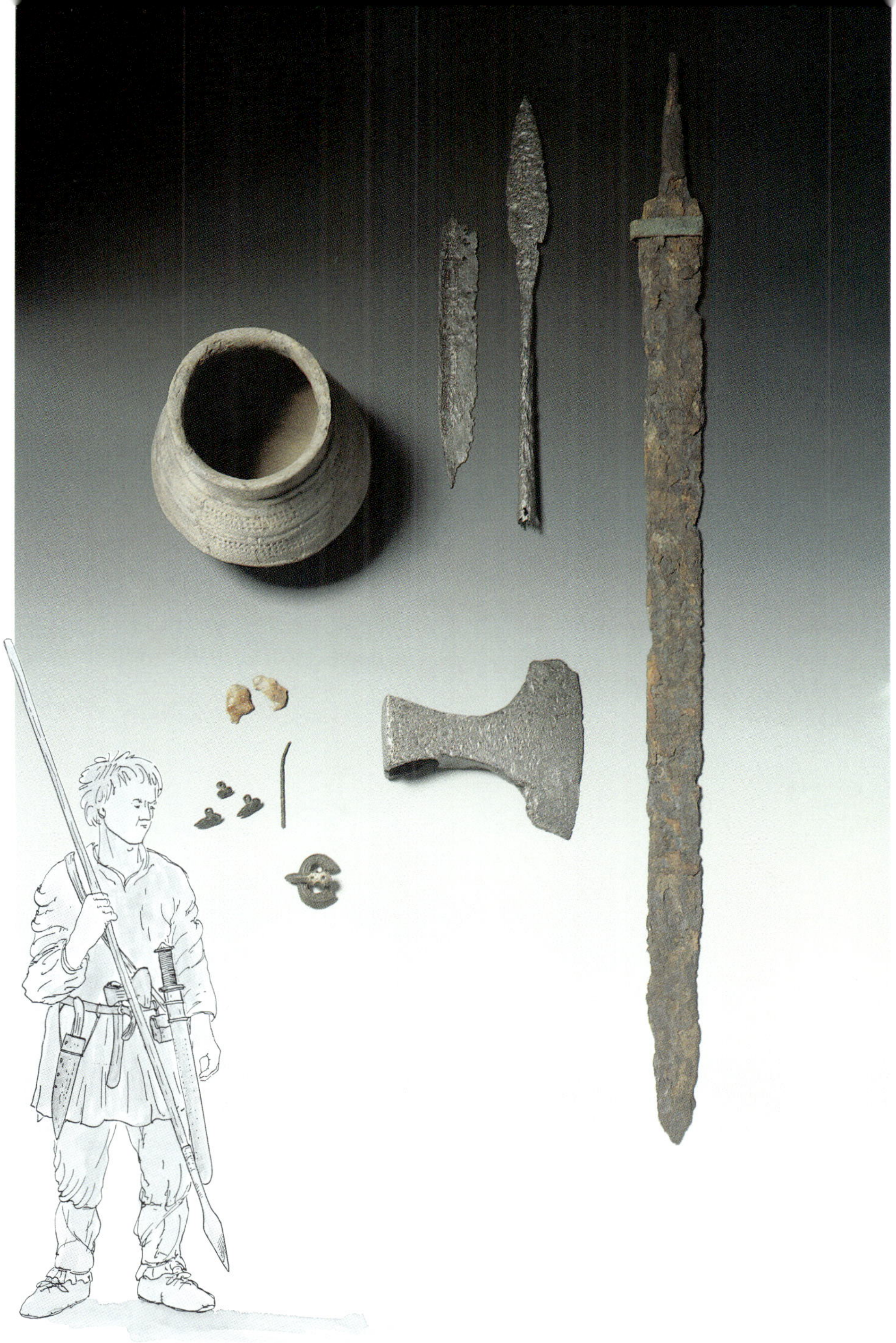

Ein Krieger aus Kirchheim mit seinen Grabbeigaben, um 550 n. Chr.
Der Verstorbene gehörte zur Gründergeneration des Friedhofes und war sicherlich von einigem Wohlstand. Neben seinen Waffen, dem am Schultergurt getragenen doppelschneidigen Langschwert (Spatha), dem einschneidigen Kurzschwert (Sax), der Lanze und der Streitaxt war ihm auch ein Tontopf ins Grab gestellt worden. Die massiv gegossene Bronzeschnalle stammt von seinem ledernen Leibgurt. In der Gürteltasche verwahrte der Krieger nützliche Kleinigkeiten, wie etwa Feuerstein und Nadel.

Eine Fränkin aus Kirchheim mit ihren Grabbeigaben, um 550 n. Chr. Die durchschnittlich wohlhabende Frau war Zeitgenossin des Kriegers der Gründergeneration. Die Verstorbene wurde in ihrem Festtagsgewand, der klassischen Vier-Fibel-Tracht beigesetzt. Dabei schlossen zwei kleine Vogelfibeln das leinene Unterkleid, während das schwerere Bügelfibelpaar das vorne offene Mantelkleid im Hüftbereich zusammenhielt. Ein einfacher Lederriemen raffte das Gewand in der Taille, an ihm war ein weiteres Lederband mit einem an den Knien hängenden Messerchen befestigt. Zum eigentlichen Schmuck gehörte ein einfacher Bronzering am linken Ringfinger. Ein Tonkrug und eine gläserne Schale sollten ihr als Trinkservice dienen.

Ein Krieger aus Kirchheim mit seinen Grabbeigaben, um 600 n. Chr. Bereits zur zweiten Siedlergeneration gehörte der Krieger mit seinem üppig gestalteten Wehrgehänge. Er trug die Spatha nicht mehr wie noch sein Vorfahr am Schulterriemen, sondern Lang- und Kurzschwert wurden jetzt am Gürtel befestigt, so daß sie den Reiter nicht mehr behindern konnten. Bereits an seiner Ausstattung läßt sich die wachsende Bedeutung, die der vorher einfache Leibriemen in der Folgezeit erfahren sollte, ablesen. Kostbarer Gürtelbesatz und reich verzierte Holzscheiden, in denen die Schwerter steckten unterstützen die schmucke Erscheinung. Nicht zuletzt Toiletteutensilien wie Kamm, Messer und Schere fanden hier ihren festen Platz. Ein Glasbecher und ein kleiner Tontopf bargen den Proviant fürs Jenseits.

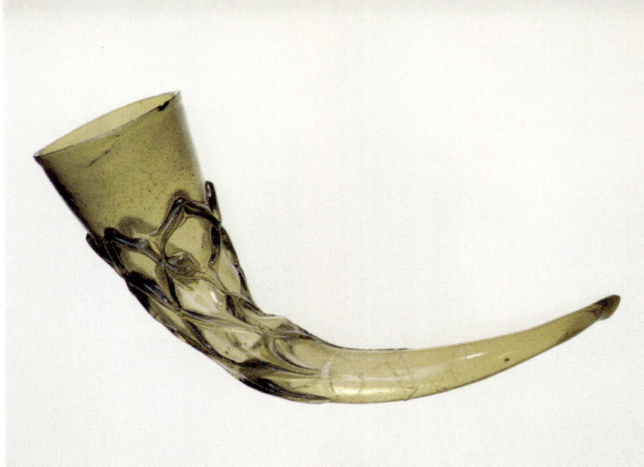

Eine Dame aus Kirchheim mit ihren Grabbeigaben, um 600 n. Chr.
Kleidung, Schmuck, Geschirr und die hölzerne Ausstattung der Grabgrube bezeugen den überdurchschnittlichen Reichtum der hier Beigesetzten und ihre herausragende Stellung innerhalb der Dorfgemeinschaft. An Stelle der bereits veralteten Vier-Fibel-Tracht trug die vornehme Dame das mit einer Fibel geschlossene Mantelkleid, Perlenkette und am Gürtel das Gehänge. Zusätzlich deponierte man ein außergewöhnlich wertvolles gläsernes Trinkhorn, das als Erbstück bereits viele Jahre in Familienbesitz gewesen sein muß. Schon in fränkischer Zeit galt das in spätrömischer Technik gearbeitete Gefäß als rare Kostbarkeit. Vermutlich diente es gar nicht als Trinkgefäß, sondern hatte rein repräsentativen Charakter. Heute rechnen wir es zu den herausragendsten archäologischen Bodenfunden, die der Kirchheimer Boden bislang freigab.

Eine Dame aus Kirchheim mit ihren Grabbeigaben, um 650 n. Chr.

Im Laufe der 100jährigen Belegungszeit des Friedhofes vollzog sich im Kleidungstil der Frauen ein spürbarer Geschmackswechsel. Das Mantel-

kleid kam aus der Mode und wurde durch ein vorne durchgehend geschlossenes Gewand ersetzt. Die Bügelfibeln wurden damit überflüssig und verschwanden nach gut 150 Jahren sehr schnell vom Markt. Auch die Verstorbene war zu Lebzeiten dieser neuen Mode gefolgt, allein ihr Mantelumhang hielt am Hals eine schwere Schmuckbrosche. Auch ihr Schmuckbedürfnis ist deutlich reduziert, so verzichtete sie etwa auf die bunten und vielgliedrigen Gürtelgehänge mit dem breitgefächerten Amulettrepertoire. Übrig blieb eine Perlenkette sowie einfacher Nadel- und Ringschmuck in Haar und am Finger.

Heidelberg
Wehrhafte Residenz der Pfalzgrafen

»Es gibt einen Ort in Deutschland, am engen Eingang eines Gebirges, nicht weit vom Rhein, dem König der Flüsse, entfernt. Für diesen Ort bilden zwei auf beiden Seiten in den Himmel ragende Bergspitzen mit ihren sonnigen Seitenhängen und Hügeln, bewachsen mit der Rebe des Bacchus, ein lieblich-reizendes Tal. Seine Fluren bewässert der Lauf des Neckars und läßt sie golden glänzen von Früchten. Hier ist eine Stadt gelegen, uralt, mächtig durch Waffen und durch Reichtum der Scholle, vielbesucht von Fremden, mit zahlreichen Einwohnern. Diese Stadt nannten die Kelten nach den Beeren eines winzigen Strauches Heidelberg.«

Loblied auf Heidelberg aus dem Jahr 1458

Das Loblied gilt als die früheste überlieferte Beschreibung Heidelbergs. Im Spätmittelalter Residenzstadt, war Heidelberg Mittelpunkt der Kurpfalz, einem der bedeutendsten Territorien des Deutschen Reiches. Das Hohe Mittelalter hatte ein Niveau an politischer und wirtschaftlicher Organistaion erreicht, das bis dahin lediglich die Römerzeit gekannt hatte. Mit der Entstehung der Städte

Kupferstich G. M. Lingelsheim

Heidelberg in Mittelalter und Neuzeit

870

Gründung des Michaelsklosters auf dem Heiligenberg durch Thiotroch, dem achten Abt des Reichsklosters Lorsch.

Hohes Mittelalter, 1196

Erste urkundliche Erwähnung von »Heidelberch«.

1214

Die Pfalzgrafschaft geht an die Wittelsbacher.

Spätes Mittelalter, 1347–1350

Höhepunkt der Pestepedemie.

1353–1390

Ruprecht I. Kurfürst und Pfalzgraf.

1386

Gründung der Universität durch Kurfürst Ruprecht I..

1392

Auflösung und Einverleibung Bergheims.

Seine Bewohner werden in der »Unteren Vorstadt« angesiedelt.

1400

Pfalzgraf Ruprecht III. wird deutscher König.

Frühe Neuzeit, 1503–1507

Bayerisch-pfälzischer Erbfolgekrieg.

1518

Luther disputiert im Augustinerkloster (heute: Universitätsplatz).

im 12. und besonders im 13. Jahrhundert veränderte sich die Siedlungslandschaft Südwestdeutschlands entscheidend. Die damit einsetzende Verstädterung der Menschen schaffte tiefe Klüfte zwischen Städtern und Bauern, zwischen Arm und Reich.

Keine Stadtgeschichte ohne Stadtarchäologie

Sind archäologische Zeugnisse für das frühe Mittelalter oftmals einzige Quelle, stehen mit dem ausgehenden 8. und 9. Jahrhundert vermehrt Schriftquellen zur Verfügung, die allerdings in erster Linie politische Aspekte der Landesgeschichte beleuchten. Sogar noch für das Spätmittelalter, wo schon eine Fülle zeitgenössischer Schriftstücke vorhanden ist, können Sachzeugen ein durch Schriftquellen vermeintlich eindeutig beschriebenes Bild unter anderen und neuen Gesichtspunkten beleuchten. Zweifellos schwindet das Gewicht archäologischer Zeugnisse im Verhältnis zur bildlichen und schriftlichen Überlieferung, je näher wir der Gegenwart rücken, doch kann die Archäologie sicher gewichtige Informationen zur Geschichte mittelalterlicher Städte und des täglichen Lebens in ihren Mauern liefern.

1556

Kurfürst Ottheinrich führt die Reformation in der Kurpfalz ein.

1618–1648

Dreißigjähriger Krieg.

1622

Eroberung der Stadt durch Tilly.

1688–1697

Pfälzischer Erbfolgekrieg.

1689

Einnahme und erste Zerstörung durch französische Truppen.

1693

Zweite Eroberung und nahezu vollständige Zerstörung der Stadt, Verlust fast aller Archivalien.

1720

Verlegung der Residenz nach Mannheim.

Ist der Stellenwert archäologischer Quellen für das frühe Mittelalter von Beginn der archäologischen Forschung an unumstritten, so setzte die Archäologie des Mittelalters – sieht man von der Burgenarchäologie ab – erst nach dem zweiten Weltkrieg ein. Ersten Ausgrabungen in Kirchen und in wüstgefallenen Dorfstellen folgten dann in den 80er Jahren großflächig angelegte Untersuchungen in den ältesten Städten des Landes. Schließlich wurde die archäologisch-historische Stadtforschung im Jahr 1987 in Baden-Württemberg institu-

Folgende Seite:
Heidelberg, Großes Panorama von Norden
Kupferstich von Matthaeus Merian aus dem Jahr 1620 (Ausschnitt)

HAIDE
Neccar
Fluviu

tionalisiert. Damit schaffte man erstmals ein Organ, das den 306 mittelalterlichen Städten im stadtreichen Südweststaat eine umfassende denkmalpflegerische Betreuung sicherte.

Heidelberg verfügt über bemerkenswert wenige Zeugnisse seiner mittelalterlichen Geschichte. Dies ist vor allem eine Folge der zahlreichen Kriege des 17. Jahrhunderts, die in dem großen, beinahe alles vernichtenden Stadtbrand von 1693 gipfelten, dem unter anderem das Stadtarchiv zum Opfer fiel.

Allein archäologische Baustellenüberwachungen – seit dem Zweiten Weltkrieg im Altstadtbereich vorgenommen – lieferten neue Quellen mit wesentlichen Hinweisen zur mittelalterlichen und zur frühneuzeitlichen Geschichte der Stadt. Mit dem Bau eines Verwaltungsgebäudes mit einer Tiefgarage am Kornmarkt, des Tiefmagazins für die Universitätsbibliothek und dem Erweiterungsbau des Kurpfälzisches Museums standen im Jahr 1986 drei große Bauvorhaben innerhalb der Kernstadt und der Vorstadt an. Mit einer Gesamtfläche von etwa 6 000 Quadratmetern drohten stadtgeschichtlich relevante Zonen bis zum ge-

Farbige Flügelgläser
à la Façon de Venise aus einem reichen Professorenhaushalt am Universitätsplatz

Auswahl von blau-grauem Mönchsgeschirr mit Christusmonogramm IHS aus dem Bereich des Franziskanerklosters. Dieses Kloster war das älteste der Stadt und wurde 1320 von außerhalb auf den heutigen Karlsplatz verlegt. Nach wechselvoller Geschichte stand es zu Beginn des 19. Jahrhunderts leer und wurde auf Abbruch verkauft. Der damals entstandene Platz wurde 1977 für eine Tiefgarage ausgeräumt, wobei es immerhin möglich war, Teile des Klosters und der darunterliegenden Vorgängersiedlung zu untersuchen.

wachsenen Untergrund ausgeräumt zu werden. Da die Erhaltung dieser Flächen nicht durchzusetzen war, nutzte man zumindest die Möglichkeit, zum ersten Mal im Altstadtbereich längerfristige und großflächige Ausgrabungen durchzuführen. Die Ergebnisse sind beeindruckend und zeigen auf, wie die Stadtarchäologie durch frühzeitiges Einbringen ihrer Erkenntnisse in Planungsvorhaben einen wichtigen Beitrag zur Sicherung archäologisch-historischer Quellen leisten kann.

Eine mittelalterliche Latrine in der Seminarstraße

In Latrinen, den damaligen Fäkaliengruben und »Müllschluckern«, finden wir heute neben den Fäkalien auch verdorbene Speisen, Tierkadaver und vor allem zerbrochenes oder beschädigtes Geschirr. Damit beschreiben die Inhalte der Fäkaliengruben ein vielfältiges Bild vom Essen und Trinken, von Tafel- und Kochgeschirr dieser Zeit. Eine der wenigen untersuchten Latrinen im mittelalterlichen Heidelberg gehörte zu einem Bürgerhaus in der Seminarstraße. Wie die Glas-, Keramik- und Holzgefäße beweisen, wurde sie vom 14. bis ins 16. Jahrhundert hinein benutzt. Über das Nahrungsangebot dieses Haushaltes gibt die paläobotanische Analyse Auskunft. Unter Obstresten, Getreide, Ölpflanzen, Kräutern und Gemüse war auch Paprika, der erst im 16. Jahrhundert aus Amerika eingeführt wurde und zu den frühesten Vorkommen in Deutschland zählt. Ansonsten aßen die Bewohner Feigen, Kir-

Holzgeschirr aus einer im 14.–16. Jahrhundert genutzten Latrine in der Seminarstraße

schen, Äpfel, Birnen, verschiedene Beerenfrüchte, Zwetschgen, Trauben, Mandeln und Nüsse, auch heute weniger gebräuchliche Sorten, wie schwarzer Holunder, Kornellkirschen oder Amarant.

Hausrat eines Patrizierhaushaltes im Heidelberg des 16./17. Jahrhunderts

Ende 1986 wurde für die Erweiterung des Kurpfälzischen Museums – in der Vorstadt des 14./15. Jahrhunderts, auf dem Gelände des ehemaligen kurpfälzischen Bau- und Holzhofes – auf annähernd 2000 Quadratmetern Fläche eine Tiefgarage erstellt. Trotz knappster Zeit konnten hier Gebäudegrundrisse zeichnerisch und fotografisch festgehalten sowie das reiche Fundmaterial aus Kellern und Zisternen geborgen werden. Unter anderem stießen die Archäologen auf einen tonnengewölbten Steinkeller, der spätestens seit dem ausgehenden 16. Jahrhundert als Fäkaliengrube genutzt wurde. Auch in diese Latrine gelangten neben den Fäkalien zahlreiche Glas-, Keramik- und Lederfunde, die besondere Aufschlüsse über den Hausrat eines ganzen Jahrhunderts geben. Dazu gehörten neben den üblichen Hafnerwaren für Küche und Tafel, besonders gelb, braun und grün glasierte Keramiken. Aber auch importierte Waren, wie etwa Fayencen aus Hanau oder Steinzeug aus Köln-Frechen waren in Verwendung. Tiegelchen, Fläschchen und Retorten belegen eine gut bestückte Hausapotheke. Neben dem Eß- und Trinkgeschirr gehörten Leuchter und Öllämpchen zum wohlgedeckten Tisch. Krautstrünke, Kelchgläser mit Balusterhohlfuß und Spechter mit Wabenmuster zeigen die bunte und prächtige Vielfalt der Trinkgläser dieses Jahrhunderts.

Bartmannkrug
aus dem Areal des heutigen
Kurpfälzischen Museums

Das Altstadtquartier zwischen Grabengasse und Sandgasse

Im Zuge der gewaltigen Aushubarbeiten der Universität zu Anfang der 70er Jahre wurde im nach Westen an den Universitätsplatz anschließenden Viertel zwischen Graben- und Sandgasse die gesamte archäologische Substanz ausgeräumt. Nur in wenigen Fällen ließen die Bauarbeiten archäologische Untersuchungen zu. So wurden etwa unter den barocken Neubauten mehrere mittelalterliche Gewölbekeller angeschnitten, die alle zu reichen Bürgerhäusern gehörten. Jedenfalls zeugen die besonders kostbaren Glasfunde, die wohl allesamt im großen Stadtbrand 1693 verschüttet wurden, vom hohen bürgerlichen Wohlstand am Ende einer für Heidelberg so bedeutenden Epoche.

Emailbemaltes Glas mit dem Wappen des G.M. Lingelsheim, ausgegraben im Quartier zwischen Graben- und Sandgasse

In einem Keller in der Grabengasse 14 wurde 1974 ein Geschirrinventar ausgegraben, das durch die Formenvielfalt und Vielfarbigkeit seiner Gläser besticht. Es handelt sich um den Besitz eines anspruchsvollen Haushaltes des 17. Jahrhunderts, vielleicht einer Professorenfamilie, deren Haus bei der Stadtzerstörung 1689 verschüttet aber nicht zerstört worden war.

Den historisch bedeutsamsten Fund barg allerdings das benachbarte Grundstück Sandgasse 1. Der zylindrische Glashumpen mit vielfarbiger Emailbemalung läßt schon auf den ersten Blick Schriftzüge und ein heraldisches Motiv erkennen. Die ersten drei Zeilen der Inschrift nennen Namen und Rang des Wappenführers: Georg Michael Lingelsheim, Administrator des Klosters Walderbach, darunter die Jahreszahl 1593.

Lingelsheim zählt zu den zentralen Figuren des Heidelberger Späthumanismus. 1584 berief ihn Pfalzgraf Johann Casimir zum Erzieher des Kurprinzen Friedrich IV und 1593 wurde er als Administrator des ehemaligen Zisterzienserklosters Walderbach in der Oberpfalz eingesetzt. In dieser Funktion nahm er alle Rechte des 1556 säkularisierten Klosters wahr und behielt politische Befugnisse und Insignien des Abtes. Das auf dem Glas verwendete Wappen führte er als Administrator des Klosters, ersichtlich an Mitra und Abtsstab, sowie der Jahreszahl 1593, dem Jahr seiner Amtseinsetzung. Sicherlich ist das Prunkglas eine Sonderanfertigung, die ein Mitglied des Heidelberger Hofes anläßlich der Ernennung des G.M. Lingelsheim anfertigen ließ und ihm zum Geschenk machte.

Der Heiligenberg

Der heute mit herrlichen Wäldern bedeckte Heiligenberg bildet den höheren Torpfeiler des Buntsandstein-Odenwaldes über den Austritt des Neckars in die fruchtbare Rheinebene. Er überragt das Neckartal um rund 330 Meter und ist durch Verwerfungen vom eigentlichen Mittelgebirge getrennt. Seine hervorragende Schutzlage und die weithin beherrschende Stellung haben über Jahrtausende Menschen angezogen und in der Späten Bronzezeit eine erste großflächige Siedlung entstehen lassen. Im Laufe seiner bewegten Geschiche hatte der Berg ganz unterschiedliche Aufgaben: für die Kelten war er befestigte Stadt (vielleicht sogar Fürstensitz), für die Römer Gipfelheiligtum der Götter Jupiter und Merkur, für das Frühe Mittelalter befestigter Königshof und für das Hohe Mittelalter Heiliger Klosterberg. Die imposanten Klosterruinen bestimmen heute noch das Erscheinungsbild des Berggipfels. Die letzten einschneidenden Veränderungen erfuhr der Heiligenberg unter den Nationalsozialisten, die 1934 durch den Reichsarbeitsdienst eine Freilichtanlage für NS-Veranstaltungen errichten ließen.

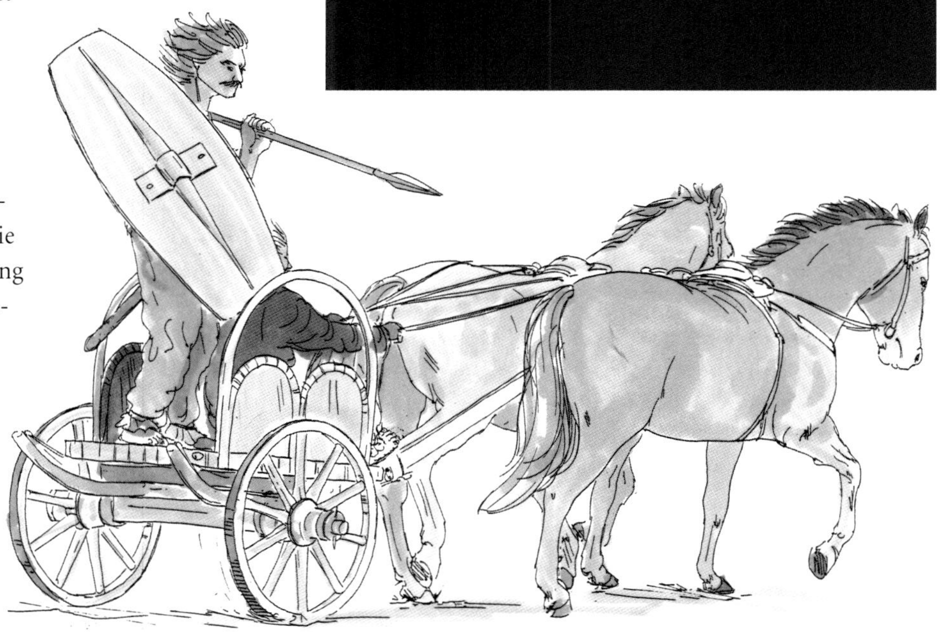

Keltischer Streitwagen mit Wagenlenker und Speerträger. Eiserne Beschlagteile von mindestens zwei solcher Wagen wurden auf dem Heiligenberg ▷ Seite 130

etwa 150 Meter nordöstlich des Michaelsklosters ausgegraben. Zusammen mit landwirtschaftlichen Geräten wie Pflugschar und Sense lagen drei Trensen, ein Jochbeschlag und ein Achssplint sowie zwei eiserne Radreifen in einem Eisenklumpen dicht beisammen. In der mittleren Latènezeit hatte man, wohl wegen seines Metallwertes, das Alteisen in einer Holzkiste, in einem Sack oder Lederbeutel gesammelt und danach vergraben. Vielleicht gehörte es einem keltischen Schmied, der das damals kostbare Eisen wiederverarbeiten wollte, aber nicht mehr dazu kam, seinen Hort noch einmal zu bergen.

Bronzener Scheidenendbeschlag (Ortband) eines endbronzezeitlichen Schwertes

Der Heiligenberg im Überblick

5500 – 4300 v. Chr.

Früheste Siedlungsspuren aus der Jungsteinzeit.

um 1000 v. Chr.

Die erste Siedlung entsteht in der Urnenfelderkultur.

600 – 480 v. Chr.

»Opfergrube« aus der späten Hallstattzeit; möglicher Hinweis auf ein keltisches Heiligtum.

480 – 280 v. Chr.

Größte Ausdehnung der keltischen Höhensiedlung. Fünf Kilometer lange Befestigungsmauern.

um 80 – 260/70 n. Chr.

Römischer Tempelbezirk auf dem hinteren Gipfel.

300 – 500 n. Chr.

In der Völkerwanderungszeit wird der verlassene Berg nur vereinzelt aufgesucht.

um 600 n. Chr.

Auf der hinteren Kuppe leben wieder Menschen. Bekannt ist nur der Begräbnisplatz.

um 700 – 882 n. Chr.

Die Hallenkirche (der frühere Merkurtempel) wird Mittelpunkt eines karolingischen Königshofes.

882 – 1232

Der Heiligenberg im Besitz der Benediktinerabtei Lorsch.

1023

Gründung des St. Michaelsklosters unter Abt Reginbald.

um 1090

Errichtung einer Klause mit Stephanskapelle auf dem vorderen Gipfel.

1094

Gründung des St. Stephansklosters anstelle der Klause.

1096

Grabplatte der Hazecha (ältestes mittelalterliches Denkmal aus dem heutigen Stadtgebiet) an der Eingangshalle St. Stephan.

1232 – 1460

Der Heiligenberg im Besitz des Erzbistums Mainz.

1245

Prämonstratensermönche aus dem Kloster Allerheiligen übernehmen die beiden Klöster.

ab 1460

Der Heiligenberg im Besitz der Kurpfalz, Verfall des Klosterlebens.

1537

Die Klöster werden von dem Humanisten Jakob Mycillus als Ruinen beschrieben.

1589

Die Universität gibt die Ruinen zum Abbruch frei.

Die Ruine des Michaelsklosters auf der hinteren Kuppe des Heiligenberges im heutigen Zustand

Das römische Gipfelheiligtum

Schon die Humanisten des 16. Jahrhunderts vermuteten auf dem Heiligenberggipfel ein römisches Merkurheiligtum, wurden doch immer wieder in den Ruinen antike Weiheinschriften und Götterdenkmäler gefunden. Die archäologischen Ausgrabungen 1982 bestätigten diese jahrhundertealte Annahme. Sie widerlegten aber auch die These, man habe die vielen Steindenkmäler zum Bau der beiden Klöster aus der im Tal liegenden Römersiedlung Neuenheim auf den Berg geschleppt.

Zu den frühesten römischen Funde zählt spätsüdgallische Terra Sigillata sowie der bronzene Geschirranhänger von einem Militärpferd, sie alle stammen aus der Zeit um 80 n.Chr.. Wahrscheinlich bestand bereits seit Ende des 1. Jahrhunderts ein ausgedehnter Kultbezirk auf dem Berg. Eine lückenlose Kontinuität zu einer keltischen Kultstätte läßt sich wohl

Der heilige Bezirk auf der hinteren Kuppe des Heiligenberges um 150 n. Chr. (Rekonstruktionsvorschlag nach P. Marzolff)

nicht zweifelsfrei nachweisen, aber die alte »Heiligkeit« des Platzes scheint den neuen römischen Anwohnern noch bewußt gewesen zu sein. Zum römischen Gipfelheiligtum gehörten neben mehreren kleinen Kultgebäuden eine Jupitersäule und profane Begleitbauten, wie etwa ein heizbares Priesterhaus. Die Bergspitze war zu dieser Zeit weithin unbewaldet, und der heilige Bezirk mit seinen prächtigen Bauten auf vorderer und hinterer Kuppe weit ins Land sichtbar.

Silberne Votivgaben aus der Zerstörungsschicht des Merkurtempels

Im Gipfelheiligtum wurden mehrere Gottheiten verehrt. Die meisten Zeugnisse stammen von Merkur, dessen Beinamen »Cimbrianus« und »Visucius« auf die Gleichsetzung mit einer germanischen bzw. gallischen Gottheit hinweisen. Aber auch der Göttervater Jupiter wurde dort angebetet. Ein Kupferstich aus dem Jahr 1814 zeigt vor der Ruine des Michaelsklosters römische und mittelalterliche Steintrümmer, darunter auch den Sockel einer Jupitersäule, ein sog. Viergötterstein. Darüber hinaus beschreibt die Überlieferung die Statue eines Merkur, das Bildnis eines »heidnischen Priesters«, welcher in der Hand eine Axt hält und einen Stier zum Opfer geschlachtet hat, sowie eine »collosalische« Statue der Diana; alle diese Denkmäler sind aber bald nach der Auffindung verschollen.

Einer der Tempelbauten aus dem großen Kultbezirk konnte 1982 unter dem Kirchenlanghaus von St. Michael ausgegraben werden. Der nach Norden gerichtete Apsissaal war über 12 Meter lang und muß mit einer kostbaren Wandtäfelung aus Marmor und Porphyr, mit farbiger Innenbemalung und einem mit rotem Fugenstrich gegliedertem Außenputz prächtig und kostbar ausgestattet gewesen sein.

In diesem Gebäude wurde der Gott Merkur verehrt, dies beweisen zwei silberne Weihegaben, die einzigen erhaltenen Zeugnisse seiner sakralen Ausstattung. Ein silbernes Täfelchen nennt den Namen des Gottes und die Namen der Stifter. Das zweite, ein unscheinbares Stück Silberblech, gehörte ursprünglich zu einem etwa 25–30 cm hohen Votivblatt, dessen zentrales Bildfeld wahrscheinlich den Gott Merkur zeigte. Solche reich gegliederten, über Figurenmodel und Punzen getriebenen Bleche stammen aus zahlreichen Heiligtümern des römischen Reiches und konnten ganz unterschiedlichen Gottheiten geweiht sein. Im Merkurtempel auf dem Heiligenberg waren die Votive wohl in der Apsis um das Kultbild aufgestellt, manche an Wände oder Gestelle genagelt, andere in Holzständer eingeklemmt.

In der Mitte des 3. Jahrhunderts aufgegeben und in der Völkerwanderungszeit ausgeplündert, d.h. die silbernen Votivbilder zerhackt und geraubt, wurden die Tempelruinen im

7. Jahrhundert als Begräbnisstätte genutzt. Die Außenmauern des römischen Heiligtums bestimmten aber zu allen Zeiten die kirchlichen Anlagen, sie gelten somit als Kernzelle der späteren Michaelskirche. Übrigens wurde auch an anderen Plätzen der heidnische Merkurkult durch die christliche Verehrung des Erzengels Michael abgelöst, galten sie doch beide als Geleiter der Seelen auf den Weg ins Jenseits.

Der fränkisch-karolingische Königshof

So könnte der karolingische Königshof auf dem Heiligenberg ausgesehen haben (Rekonstruktionsvorschlag nach P. Marzolff)

In den »dunklen Jahrhunderten« zwischen Limesfall und Merowingerzeit zerfielen die verlassenen römischen Bauten. Wenige unscheinbare Gefäßscherben aus dem 5. Jahrhundert beweisen aber, daß man den Berg auch in der Völkerwanderungszeit aufsuchte, wahrscheinlich um in den Ruinen nach wertvollen Hinterlassenschaften zu suchen.

Erst in der Merowingerzeit entstand auf der hinteren Kuppe wieder eine dauerhafte Ansiedlung. Der Gipfel wurde erneut mit einem Wall

befestigt, der im wesentlichen der Trasse der Anlage aus keltischer Zeit folgte und sie lediglich im Süden (etwa am oberen Rand der Thingstätte) abschnitt. Ab dem 8. Jahrhundert entstand eine Gehöftgruppe, deren Bauten z.T. in Stein gebaut und anspruchsvoll ausgestattet waren. Die teilweise noch aufrecht stehenden Reste des Merkurheiligtums wurden mit Erwachsenen- und Kindergräbern belegt. Wahrscheinlich gehörten Friedhof und Grabkirche zu einem jener fränkischen Königshöfe, die als Vorläufer der späteren Pfalzen das ganze Land überzogen. Seit dem späten 9. Jahrhundert geriet der Heiligenberg verstärkt unter geistlichen Einfluß. Das Urkundenbuch des 764 gegründeten Klosters Lorsch, der Codex Laureshamensis, enthält die früheste schriftliche Nachricht. Danach geht das dort »Aberinsburg« genannte Königsgut 882 in den Besitz der Reichsabtei über.

Das Kloster St. Michael

Um 800 änderte die frühmittelalterliche Baugruppe mit einem neuartigen Bauwerk ihren Charakter. Langgezogen bis kastenförmig, mit mindestens einem östlichen Anbau und mit einer inneren Unterteilung, darf dieser Bau wohl als der erste Kirchenbau angesprochen werden. Kleine Grüfte im Westwandfundament dienten der Wiederbestattung von Gebeinen, die man ungewollt hatte beseitigen müssen. Neue Gräber wurden im Außenbereich angelegt. Dieser Bau bestand nur kurze Zeit, da er nach einem Brand nicht wieder aufgebaut wurde.

Auf die erste Kirche folgte ein zunächst etwas kleinerer Bau. Er behielt noch immer einige antike Bauteile bei. Wiederholt brandgeschädigt wurde er nach und nach verändert und vergrößert, bis er sich zu Ende der ottonischen Epoche mit einem dreischiffigen Langhaus, einem Vierungsturm, Querhäusern mit Apsiden, einem Altarhaus mit Krypta und einer dreiteiligen Westvorhalle präsentierte. Kurz nach 1000 wurde der Plan zu einem mächtigen Neubau gefaßt, der um den einstweilen weiterbestehenden Altbau herumwachsen und ihn dereinst gänzlich ersetzen sollte. Dies Bauvorhaben gedieh aber nicht über den Unterbau eines Westwerkes hinaus, an welchem bereits die Anlage einer – wiederum dem Totengedächtnis dienenden? – eigenen zweiten Krypta auffällt.

Im Jahr 1023 wurde von Lorsch aus der Neubau eines Klosters auf dem Aberinsberg beschlossen. Diese Anlage steht heute als eindrucksvolle, neuerdings konsolidierte Ruine vor uns. Das steckengebliebene große Unternehmen erhielt neuen Schwung, wenn auch das Ergebnis dieser Bauphasen neben der großartigen Gesamtkonzeption allerlei Kompromisse und Korrekturen erkennen läßt. Die neue dreigegliederte, längs einer durchgehenden Ost-

Erster Kirchenbau

bald nach 800

(nach P. Marzolff)

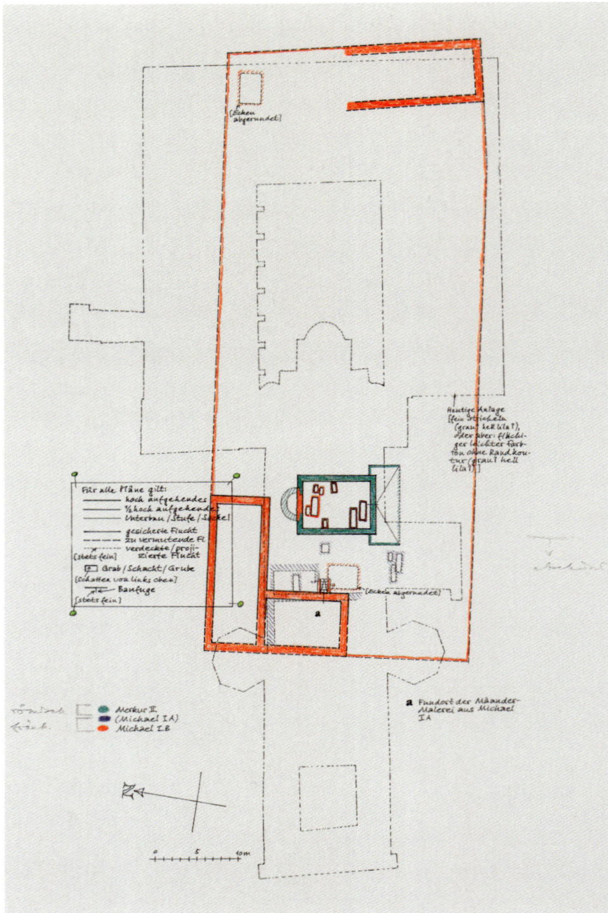

Vorgängerbauten

der Michaelsbasilika,

um 1000

(nach P. Marzolff)

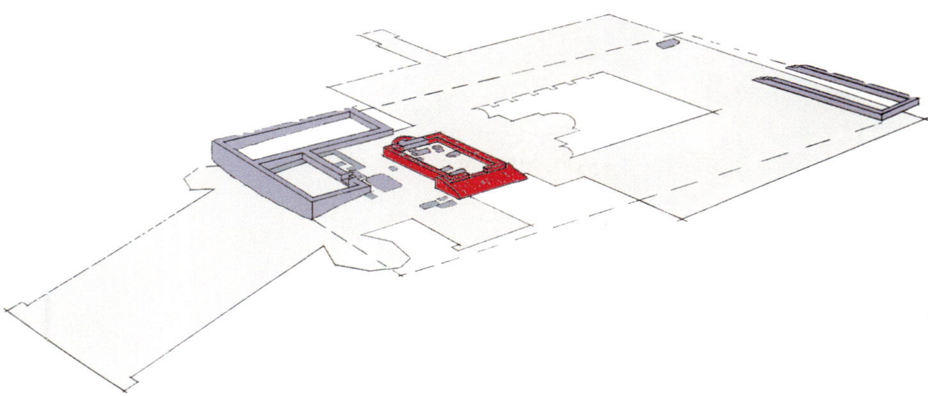

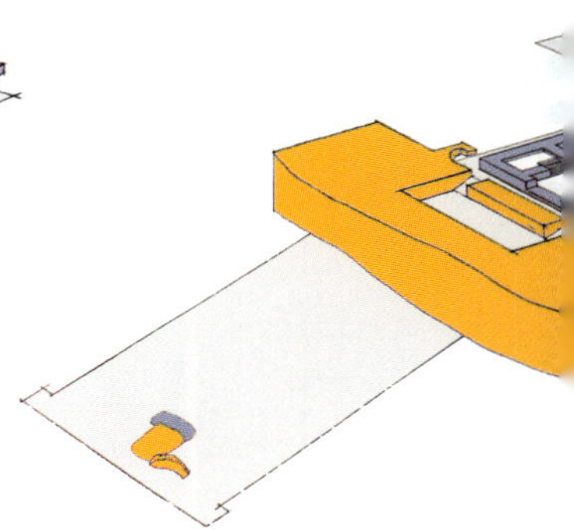

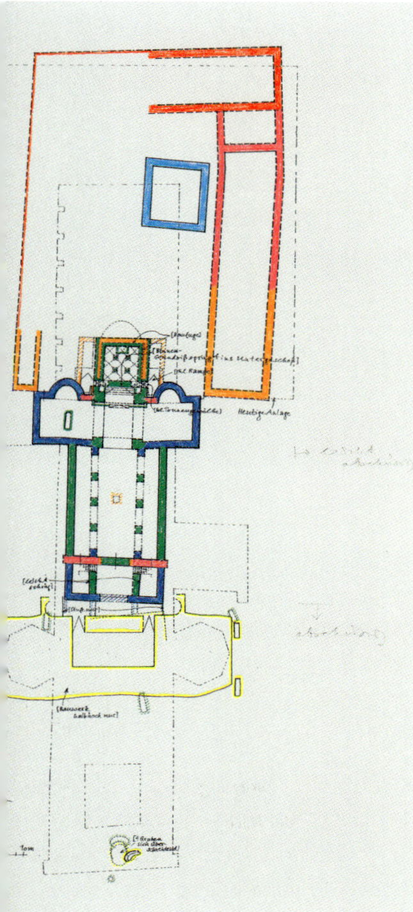

Michaelsbasilika
und zugehöriges Kloster
zur Zeit des Überganges
von den Benediktinern
zu den Prämonstratensern,
um 1300 (nach P. Marzolff)

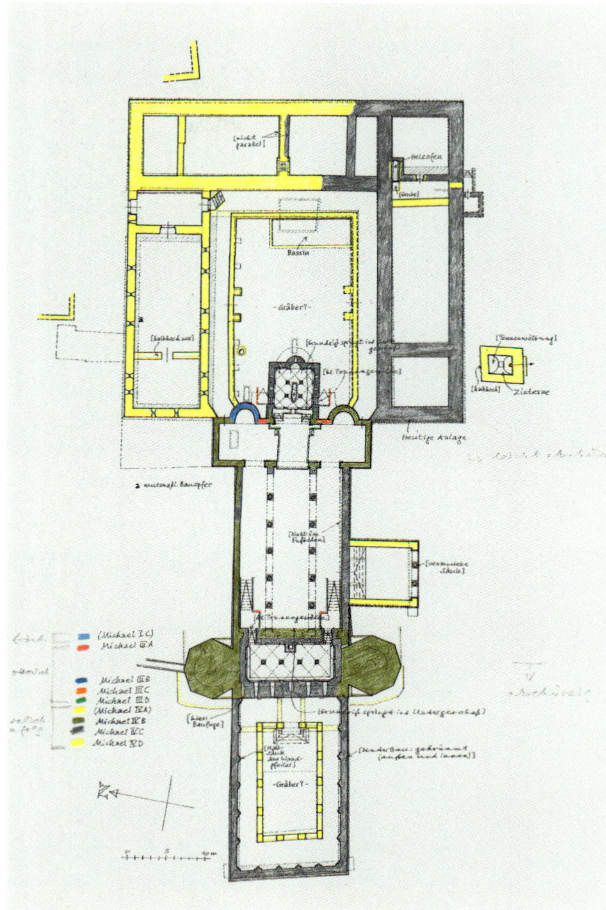

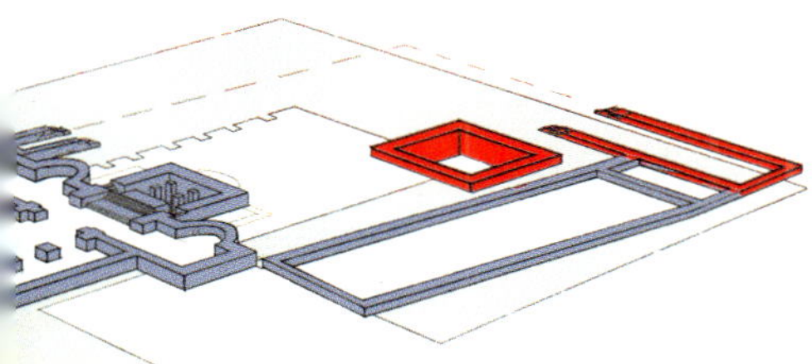

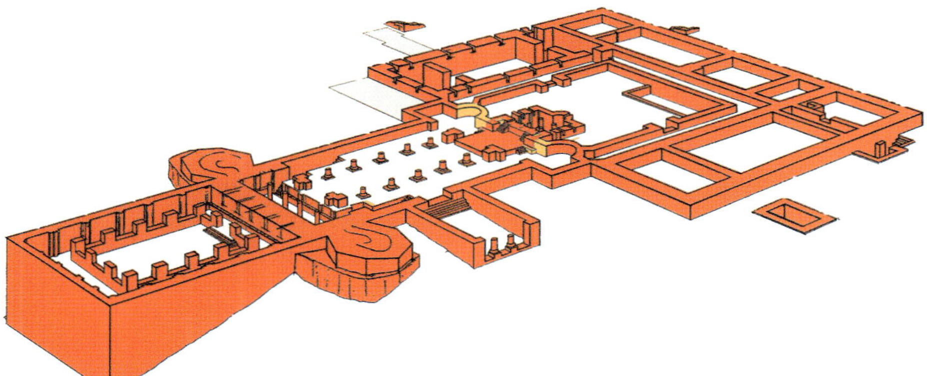

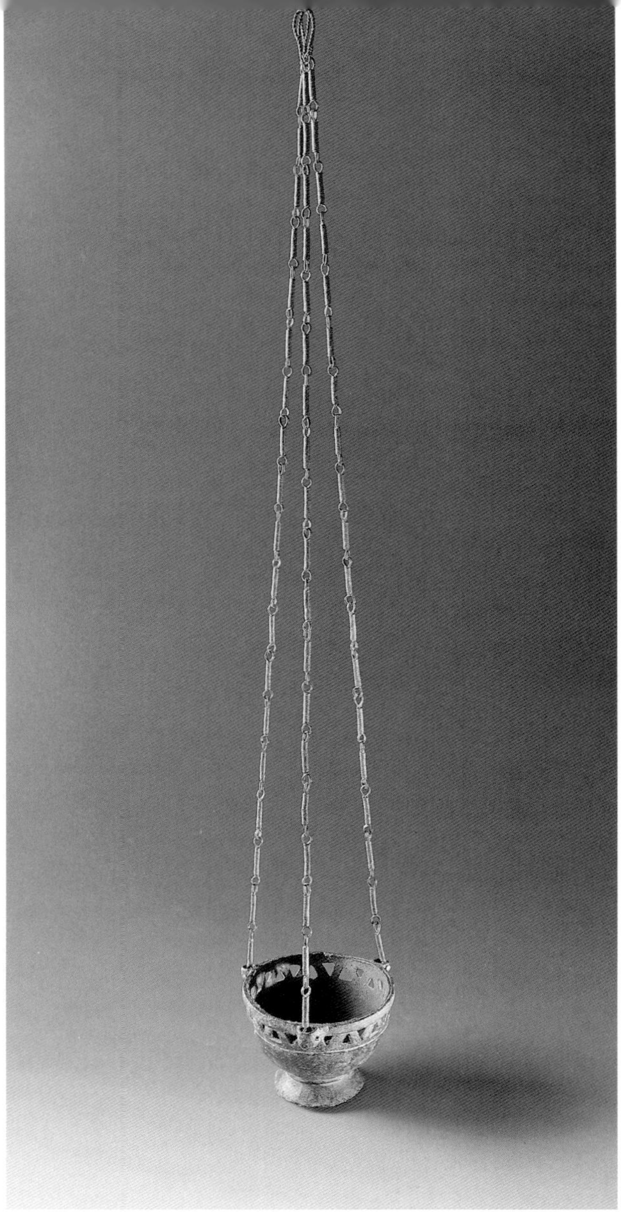

West-Achse geordnete Baugruppe sucht weit und breit ihresgleichen: in der Mitte die Kirche mit dreischiffigem Langhaus, durchgehendem Querhaus mit Apsiden, zwei Krypten (in der östlichen das mutmaßliche Grab des seligen Friedrich von Hirsau) und zwei einen Westbau mit Empore flankierenden Türmen; auf dem vorgelagerten Westhang ein Begräbnis-Vorhof von gleichen Abmessungen wie das Kirchenlanghaus; im Osten, an Stelle der dortigen älteren Baulichkeiten, eine ans Kirchenquerhaus anschließende dreiflügelige Klausur von außerordentlichen Dimensionen. Da der Hauptzugang nun nicht mehr von Westen her geschehen konnte, fügte man – als einzige auffallende Abweichung von der Symmetrie – der Kirche im Süden eine geräumige Eingangshalle an. Von der Ausstattung geben nurmehr wenige Fragmente, z.B. die Teile eines qualitätvoll geschmückten Portales, eine Vorstellung. Schon im 12. Jahrhundert gerieten zwei der Klausurflügel in Abgang und wurden erst in zeitlichen Abständen wieder ersetzt. Eine Zutat dieser Phase ist der Kreuzgang im Klausurhof und eine Art Kreuzgang im Westvorhof. Zwei unterirdische, äußerst professionell ausgeführte Zisternen gemahnen an das Hauptproblem des Daseins auf dem Berge, die Wasserversorgung.

Nach dem Bericht einer Klosterchronik soll Abt Udalrich das Michaelskloster einige Jahrzehnte nach seiner Gründung »auf das reichlichste mit Büchern, Tafeln, Kruzifixen, die prächtig in Gold, Silber und Elfenbein gearbeitet waren« ausgestattet haben. Wenig von dieser Ausstattung hat sich erhalten und konnte von Ausgräbern und Sammlern in den Ruinen entdeckt werden. Neben den sakralen Gegenständen, die die Kirche zierten, waren dies Möbelbeschläge, Geräte und Alltagsgegenstände aus den Klausurgebäuden. So zeugen modelverzierte Tonfliesen von einst schmucken Böden, Glasrauten von bleiverglasten Fenstern und eine stattliche Zahl gläsernen und tönernen Trink- und Eßgeschirrs von reich gedeckten und festlichen Tafeln. Da die wertvollen Gegenstände nahezu allesamt verloren gegangen sind, stehen diese unspektakulären archäologischen Funde allein für den ehemaligen Reichtum des Klosters. Zu einer der wenigen erhaltenen Kostbarkeiten gehört eines der

Rheinisches Weihrauchfaß
aus dem Michaelskloster,
Ende 12./Anfang 13. Jahrhundert

Nach seiner letzten Ausbaustufe zwischen 1450 und 1510 bot das St. Michaelskloster mit etwa 100 Metern Gesamtlänge einen stattlichen Anblick.
Über eine Treppe im Westen gelangte man in den Begräbnishof (»Paradies«) und über eine weitere Treppe in die höhergelegene Kirche. Der Hauptzugang zur Kirche erfolgte während der ganzen Klosterzeit über das seitliche Südportal.

An die Kirche mit den beiden achteckigen Westtürmen und dem Vierungsturm über dem Schnittpunkt von Haupt- und Querschiff schlossen sich nach Osten die Klostergebäude mit ihren hohen, durch Gauben gegliederten und mit Holzziegeln gedeckten Dächern an. Im Südflügel – mit den Schlafsälen der Mönche im Obergeschoß – lag der Kapitelsaal und das Auditorium. Der Ostflügel beherbergte den Speisesaal, die Wärmestube und die Küche. Im Nordflügel mit der Klosterpforte lag ein großer Wirtschaftskeller, die Sakristei und die Wohnstuben der Chorherren.

Bücher aus dem Michaelskloster – ein Psalter mit 233 Seiten. Die Herkunft aus dem Heiligenberg-Kloster ist durch einen Kalender mit Totengedenktagen und Schenkungseintragungen, die sich auf St. Michael beziehen, bewiesen. Nach Auflassung des Klosters gelangte das Buch in die Bibliotheca Palatina und wurde nach der Eroberung Heidelbergs im Jahr 1623 Papst Gregor XV zum Geschenk gemacht. Heute zählt das Psalterium zu den Kostbarkeiten der Vatikanischen Bibliothek in Rom.

Bis in das 16. Jahrhundert hinein wurde im Kloster rege gebaut. Zunehmend wandelte sich hierbei das Bild der Behausung einer monastischen Gemeinschaft zu dem eines Beherbergungsbetriebes für Wallfahrer und andere Gäste. Der kurz vorher wohl zu hastig gebaute Campanile, der im Winkel von Querhaus und Klausur entstand, stürzte 1503 ein. Er fand in der vorletzten Bauphase seinen Nachfolger in jenem Vierungsturm, den uns einige zeitgenössische Ansichten zeigen.

Das Deckblatt des Psalteriums vom Michaelskloster aus dem 11. Jahrhundert zeigt David vor der Bundeslade

Bildnachweis

R. Ajtai / VE.DO, Heidelberg: 20, 30, 33, 67, 76, 99, 130, 133; Badisches Landesmuseum, Karlsruhe: 27, 126; Biblioteca Apostolica Vaticana, Rom: 140; J. Feist, Pliezhausen: 13, 30, 48, 64, 71, 74, 75, 78, 80, 84, 85, 86, 87, 88, 89, 92, 100, 106, 109, 114, 115, 116, 117, 118, 119, 138; Geologisch-Paläontologisches Institut der Universität, Heidelberg: 18; B. Heukemes, Ladenburg: 25, 46, 47, 61, 66, 67, 93, 95, 96, 97, 109; E. Kemmet, Heidelberg: 21, 26, 29, 36, 37, 47, 49, 50, 60, 65, 68, 82, 90, 91, 108, 112, 118, 122, 123, 125, 127, 128, 139; M. Kemmet, Heddesheim: 85, 107, 124; Kurpfälzisches Museum Heidelberg: 12, 31, 45, 51, 54, 57, 63, 67, 70, 105, 120; Landesdenkmalamt Baden-Württemberg: 32 (D. Müller), 52 (O. Braasch); Lossen-Foto, Heidelberg: 131; P. Marzolff, Heidelberg: 136, 137; Mikiffer & Partner, Karlsruhe: 47; B. Pfeifroth, Reutlingen: 14, 15, 19, 23, 27, 32, 34, 38, 39, 42, 43, 50, 51, 57, 59, 70, 72, 73, 77, 79, 83, 94, 95, 101, 110, 113, 115, 116, 117, 118, 119, 129, 132, 134, 136, 137; F. Vogelsang, Heidelberg: 22

Literaturhinweise zur Archäologie in Heidelberg

Allgemeines

K. Pfaff, Heidelberg und Umgebung (3. Aufl. 1909)

E. Wagner, Fundstätten und Funde aus vorgeschichtlicher, römischer und alamannisch-fränkischer Zeit im Großherzogtum Baden 2 (1911) 265–312

E. Wahle, Die Vor- und Frühgeschichte des unteren Neckarlandes, erläutert an den vor- und frühgeschichtlichen Sammlungen des Kurpfälzischen Museums (1925)

Die Stadt- und Landkreise Heidelberg und Mannheim, Amtliche Kreisbeschreibung 1 (1966) 131–215

T. Bechert, Die Frühzeit bis zu den Karolingern, in: E. Mittler (Hrsg.), Heidelberg. Geschichte und Gestalt (1996) 20–37

Die Steinzeit

S. Alföldy-Thomas, H. Spatz, Die »Große Grube« der Rössener Kultur in Heidelberg-Neuenheim. Materialhefte zur Vor- und Frühgeschichte in Baden-Württemberg 11 (1988)

J. Wahl, B. Höhn, Eine Mehrfachbestattung der Michelsberger Kultur aus Heidelberg-Handschuhsheim. Fundberichte aus Baden-Württemberg 13, 1988, 123–198

K.W. Beinhauer, G.A. Wagner (Hrsg.), Schichten von Mauer. 85 Jahre Homo erectus heidelbergensis (1992) – mit der wichtigsten älteren Literatur

Die Bronzezeit – Welt nach dem Umbruch

E. Kemmet, H.-P. Kuhnen, Mondidol und Lackprofil aus einer Siedlung der Urnenfelderzeit in Heidelberg-Bergheim. Archäologische Ausgrabungen in Baden-Württemberg 1990 (1991) 67–70

Die Welt der Kelten

E. Wahle, Brandgräber der späten Latènezeit von Wiesloch und Heidelberg. Badische Fundberichte 1, 1925, 71–84

R.-H. Behrends, in: Die Kelten in Baden-Württemberg (1981) 350–352

S. Bauer, Siedlungen in der Ebene und auf dem Berg. Bemerkungen zur Frühlatènezeit im Heidelberger Raum. Fundberichte aus Baden-Württemberg 16, 1991, 133–170

Die Römerzeit

B. Heukemes, Römische Keramik aus Heidelberg. Materialien zur römisch-germanischen Keramik 8 (1964)

H.U. Nuber, Waage mit Kaiserporträts aus Heidelberg-Neuenheim. Fundberichte aus Baden-Württemberg 6, 1981, 501–528

B. Heukemes, Untersuchungen der porta praetoria des Steinkastells von Heidelberg-Neuenheim. Archäologische Ausgrabungen in Baden-Württemberg 1983 (1984) 124–127

B. Heukemes, in: Die Römer in Baden-Württemberg (3. Aufl. 1986) 310–321

G. Wesch-Klein, Ein Reibschalenfragment mit Graffito aus Heidelberg-Neuenheim. Fundberichte aus Baden-Württemberg 16, 1991, 527–530

R. Ludwig, Eine Siedlung der Neckarsueben in Heidelberg-Kirchheim. Archäologische Ausgrabungen in Baden-Württemberg 1993 (1994) 126–129

R. Ludwig, Ein römischer Tiefbrunnen im Südvicus von Heidelberg. Archäologische Ausgrabungen in Baden-Württemberg 1994 (1995) 149–151

R. Ludwig, Archäologische Ausgrabungen im römischen Heidelberg. Archäologische Ausgrabungen in Baden-Württemberg 1996 (1997) 150–154

Die Merowinger

P.H. Stemmermann, Ein Alamannenfriedhof von der Reichsautobahn bei Heidelberg-Kirchheim. Badische Fundberichte 14, 1938, 73–82

G. Clauß, Reihengräberfelder von Heidelberg-Kirchheim. Badische Fundberichte Sonderheft 14 (1971)

Heidelberg – Wehrhafte Residenz der Pfalzgrafen

U. Maier, Nahrungspflanzen des späten Mittelalters aus Heidelberg und Ladenburg nach Bodenfunden aus einer Fäkaliengrube und einem Brunnen des 15./16. Jahrhunderts. Forschungen und Berichte der Archäologie des Mittelalters in Baden-Württemberg 8 (1983) 139–183

W. v. Moers-Messmer, Schicksal und Identifikationsversuch der Gebeine Friedrichs I (des Siegreichen) von der Pfalz. Ein Beitrag zum Problem der Kurfürstenbestattungen in Heidelberg. Forschungen und Berichte der Archäologie des Mittelalters in Baden-Württemberg 8 (1983) 185–208

E. Sander, J. Barz, Gg. Schmidt, I. Magureanu, Die medizinische Untersuchung von menschlichen Knochen aus der Krypta der Jesuitenkirche zu Heidelberg. Forschungen und Berichte der Archäologie des Mittelalters in Baden-Württemberg 8 (1983) 209–214

B. Heukemes, Archäologische Beobachtungen im Erweiterungsgebiet des Kurpfälzischen Museums in Heidelberg. Archäologische Ausgrabungen in Baden-Württemberg 1986 (1987) 287–289

D. Lutz, Archäologie und Stadtgeschichte in Heidelberg. Denkmalpflege in Baden-Württemberg 16, 1987, 201–208

C. Prohaska, Archäologische Stadtkernforschung in Heidelberg. Archäologische Ausgrabungen in Baden-Württemberg 1986 (1987) 280–287

M. Carroll-Spillecke, D. Lutz, E. Bárányos, C. Prohaska, M. Benner, Archäologische Stadtkernforschung II. Archäologische Ausgrabungen in Baden-Württemberg 1987 (1988) 298–318

B. Heukemes, Weitere archäologische Beobachtungen im Erweiterungsgebiet des Kurpfälzischen Museums in Heidelberg. Archäologische Ausgrabungen in Baden-Württemberg 1987 (1988) 294–298

D. Lutz, Untersuchungen im Marstallhof in Heidelberg. Archäologische Ausgrabungen in Baden-Württemberg 1991 (1992) 258–261

Landesdenkmalamt Baden-Württemberg (Hrsg.), Vor dem großen Brand. Archäologie zu Füßen des Heidelberger Schloßes (1992)

M. Carroll-Spillecke, Die Untersuchungen im Hof der Neuen Universität in Heidelberg. Materialhefte zur Archäologie in Baden-Württemberg 20 (1993)

C. Balharek, D. Lutz, Die Geschichte einer Parzelle. Untersuchungen in der Apothekergasse 3 in Heidelberg. Archäologische Ausgrabungen in Baden-Württemberg 1993 (1994) 293–297

M. Benner, A. Wendt, »Heidelberg Incognita«. Archäologische und bauhistorische Überlegungen zu den Anfängen Heidelbergs. Heidelberg, Jahrbuch zur Geschichte der Stadt 1, 1996, 61–101

Der Heiligenberg

U. Gross, M. Weihs, Untersuchungen im Stephanskloster auf dem Heiligenberg bei Heidelberg. Archäologische Ausgrabungen in Baden-Württemberg 1995 (1996) 296–300

R. Ludwig, D. Lutz, Der Keltenweg. Ein archäologisch-historischer Wanderweg auf dem Heiligenberg bei Heidelberg (1996)

P. Marzolff, Der Heiligenberg, in: E. Mittler (Hrsg.), Heidelberg. Geschichte und Gestalt (1996) 38–45 (mit der wichtigsten älteren Literatur)